PASCAL

auf Mikrocomputern

Einführung in die Programmierung mit UCSD- und TURBO-PASCAL

Von

Prof. Dr. Richard Vahrenkamp,
Gesamthochschule Kassel

Mit 19 Bildern und 2 Tabellen

R. Oldenbourg Verlag München Wien 1984

CIP-Kurztitelaufnahme der Deutschen Bibliothek

Vahrenkamp, Richard:
PASCAL auf Mikrocomputern : Einf. in d. Programmierung
mit UCSD- und TURBO-PASCAL / von Richard Vahrenkamp –
München : Oldenbourg, 1984.
ISBN 3-486-28921-7

Gesamtherstellung: R. Oldenbourg Graphische Betriebe GmbH, München

ISBN 3-486-28921-7

Inhaltsverzeichnis

Einleitung

Dieses Buch hat das Ziel, den Leser in die für Mikrocomputer konzipierten PASCAL-Dialekte einzuführen: in das PASCAL der University of California, San Diego (UCSD-PASCAL) und in das TURBO-PASCAL von Borland International, Scotts Valley in Californien. Das UCSD-PASCAL fand in den vergangenen Jahren eine zunehmende Verbreitung, nicht zuletzt wegen des Markterfolges der APPLE-Computer, während das TURBO-PASCAL eine Neuentwicklung aus dem Jahre 1983 darstellt und wegen seines hohen Editionskomforts eine große Anerkennung erfährt. Da sich beide Dialekte nur in wenigen Punkten unterscheiden, können sie hier gemeinsam behandelt werden. Diesem Buch liegen Erfahrungen zugrunde, die der Autor sammeln konnte, als er PASCAL an den Fachbereichen Wirtschaftswissenschaften und Mathematik der Gesamthochschule Kassel in der Lehre anbot.

Dieses Buch beschränkt sich bewußt auf eine Einführung in das Mikrocomputer-PASCAL, und mit ihm verbindet sich nicht die Absicht, ein eigentliches Lehrbuch von PASCAL darzustellen. Daher werden hier nur ein Ausschnitt aus PASCAL und das Wichtigste der den beiden PASCAL-Dialekten zugrunde liegenden Betriebssysteme dargeboten. Für den Anfänger ist das hier verfolgte Ziel, die Komplexität des Gegenstandes in hohem Maße einzuschränken, von stärkerem Interesse, als über alle Möglichkeiten informiert zu werden, die er der PASCAL-Literatur und den Handbüchern entnehmen kann. So wird hier auf die in der Literatur übliche Erläuterung von Konstanten-Deklarationen weitgehend verzichtet, um sowohl dem Anfänger zu ermöglichen, Programme mit elementaren Syntaxstrukturen zu verfassen, wie auch aus der Überlegung heraus, daß die Aufgabe didaktisch nicht leicht zu bewältigen ist, dem Anfänger die Differenz von Konstanten und Variablen zu vermitteln.

Dieses Konzept des Buches impliziert eine Reihe von Einschränkungen in der Darstellung. So werden etwa die höheren Datenstrukturen von PASCAL, welche die eigentliche Stärke der Sprache ausmachen, hier nicht behandelt. Stattdessen wurde Wert auf die Diskussion von Textfiles gelegt, welche ein einheitliches Konzept bieten, mit Peripherie-Einheiten zu kommunizieren, und welche den Leser darauf vorbereiten, mit Files allgemeinerer Art umzugehen. Zum Umgang mit Textfiles gehört eine in diesem Buch verfolgte ausführliche Darlegung der komplizierten Syntax der Read- und Write-Befehle.

Bei der Darstellung der Sprache wurde versucht, einen Mittelweg einzuschlagen zwischen einer rein problemorientierten Einführung anhand von Beispielprogrammen und einem stringenten systematischen Aufbau; die Vorzüge beider Darstellungsweisen sollten kombiniert werden. Über die Sprache hinaus wird der Leser mit dem Umgang mit dem Mikrocomputer vertraut gemacht. Hierzu zählt eine Einführung in die TURBO- und UCSD-PASCAL zugrunde liegenden Betriebssysteme, in die Systembefehle und in das Disketten-Management. Diese Fragen werden in den Teilen I und II behandelt. In Teil III wird anhand von Programmbeispielen in die Sprache eingeführt, wobei in den Anwendungen wiederum Fragen im Vordergrund stehen, die den benutzerfreundlichen Betrieb des Systems betreffen: wie Textfiles gemischt, Drucker gesteuert und die Darstellungen auf dem Bildschirm gestaltet werden können. Die Fragen des Bildschirm-Managements und der interaktiven Benutzerführung in einem Mikrocomputersystem behandelt insbesondere das Kapitel VI. Das Kapitel VII gibt eine Einführung in die Bibliothekstechnik. Die Anhänge behandeln Spezialfragen und schließen mit einem Vergleich von TURBO- und UCSD-PASCAL ab, der die wichtigsten Unterschiede in der Syntax dokumentiert. Die in diesem Buch dargestellten Programme sind in UCSD-PASCAL geschrieben, wobei der Leser an wichtigen Stellen auf die Syntaxunterschiede zum TURBO-PASCAL hingewiesen wird.

Daran, daß dieses Buch zustande kam, haben viele Personen mitgewirkt, denen ich hier meinen Dank ausspreche. Herr Erhardt, Herr Elschott und Herr Weber vom Systemhaus COSTEC in Kassel haben die PASCAL-Dialekte auf dem Mikrocomputer COSTEC2-4 implementiert und haben, wie auch Herr Wegmann vom Systemhaus A.D.I. in Karlsruhe, mir mit vielen wertvollen Ratschlägen zur Seite gestanden. Die Herren Max Avriette-Trummer, Becky Chan, John Durkhan und George Fahouris vom End User Support von SOFTECH, San Diego, haben mich in Spezialfragen beraten. Herr cand. math. Jürgen Steinhoff hat zur Software-Entwicklung viele Ideen beigetragen und die Programme getestet. Frau Hanser und Frau Gasch von der Gesamthochschule Kassel danke ich besonders für Ihre Mühe, das Manuskript in die Reinschrift zu bringen.

Teil I

Der Umgang mit dem Mikrocomputer Das Betriebssystem von UCSD-PASCAL

In diesem Teil sollen der Mikrocomputer in seiner technischen Konfiguration und die Eigenschaften des USCD-Betriebssystems vorgestellt werden. Dabei geht es um den Start des Systems, die Tastatur, den Bildschirm, die Disketten und ihre Laufwerke und um den Drucker. Die Fragen, wie Programm-Texte erstellt, übersetzt und gespeichert und wie Disketten verwaltet werden, sollen angesprochen werden. Und schließlich werden erste Hinweise auf die Druckersteuerung gegeben.

§1 Die technische Konfiguration

Der Mikrocomputer besitzt neben der eigentlichen Zentraleinheit verschiedene externe Komponenten: Den Bildschirm, die Tastatur, die Diskettenlaufwerke und den Drucker (vergl. Abb. 1 und 2).

Die Tastatur entspricht im wesentlichen der bekannten Schreibmaschinentastatur. Die Space-Taste, auch Leer-Taste genannt, erzeugt Zwischenräume. Die Shift-Taste stellt auf Großbuchstaben um. Control ist eine zweite Shift-Funktion. Return stellt eine neue Zeile ein (wie der "Wagenrücklauf" bei der Schreibmaschine) Die Tastatur ist das Instrument, mit dem der Benutzer den Mikrocomputer steuert. Dabei kann der Benutzer mit Hilfe des Bild-

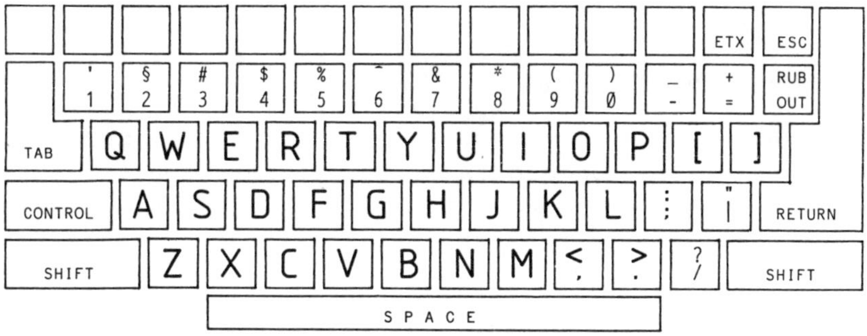

Abb. 1: Beispiel für ein Tastaturfeld

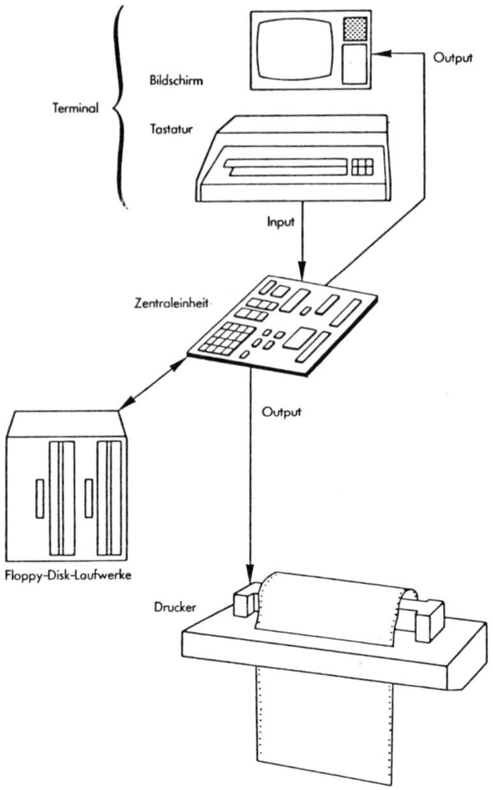

Abb. 2:
Die Systemkomponenten eines Mikrokomputers

schirms kontrollieren, in welchem Zustand sich der Mikrocomputer befindet und ob ein Befehl über die Tastatur den gewünschten Effekt herbeiführt.

Von den normalerweise zwei Diskettenlaufwerken ist das eine das Hauptlaufwerk (maschinenintern als Nummer 4: oder #4: gekennzeichnet) und das andere das Nebenlaufwerk (maschinenintern als #5: gekennzeichnet). Die technische Konfiguration wird durch den Drucker (maschinenintern als #6: gekennzeichnet) und die Disketten vervollständigt.

§2 Die Inbetriebnahme

Der genaue Vorgang der Inbetriebnahme hängt von der technischen Ausstattung des Mikrocomputers und der Implementierung des Betriebssystems ab. Im Normalfall ist eine Softwaresteuerung zum Laden des Betriebssystems ("Booten") auf der Systemdiskette von UCSD-PASCAL enthalten[1].

----

1) Die Anpassung des Softwarepakets an die spezifische Hardware ist im Installation Guide 1981 dargestellt.

Auf der Systemdiskette sollten die folgenden Programme ("Dateien") enthalten sein:

```
SYSTEM.PASCAL      SYSTEM.INTERP      SYSTEM.LIBRARY
SYSTEM.FILER       SYSTEM.MISCINFO    SYSTEM.EDITOR
```

(vergl.Installation Guide 1981, S.72).

Dieses Verzeichnis der Dateien kann man sich auf den Bildschirm projizieren lassen (siehe unten der L-Befehl in der FILER-Welt von §5). Das Programm "SYSTEM.COMPILER" gehört ebenfalls mit zum Betriebssystem. Es kann aber auf einer separaten Diskette gespeichert sein. Im Normalfall kann nach dem Einschalten des Mikrocomputers das System gestartet werden, indem in Laufwerk #4: die Systemdiskette und in Laufwerk #5: eine beliebige andere Diskette, die jedoch initialisiert sein muß (siehe unten §7), eingeführt werden, die Laufwerke geschlossen und damit (oder eventuell mit zusätzlichem Drücken der Return-Taste) das Booten gestartet wird. Nach einigem Klicken und Summen der Diskettenlaufwerke und einigen 10 Sekunden erscheint auf dem Bildschirm die oberste Systemebene von UCSD-PASCAL: die COMMAND-Welt. Auf den Bildschirm wird folgende Zeile abgebildet:

```
COMMAND: E(dit, R(un, F(ile, C(omp, L(ink, X(ecute, A(ssem,
         D(ebug?
```

§3 Die Befehlswelten

Die COMMAND-Welt (Befehlswelt) ist die oberste Systemebene von UCSD-PASCAL. Von hier aus können alle Aktivitäten, die das UCSD-PASCAL bietet, gestartet werden. Die einzelnen Möglichkeiten, von der COMMAND-Welt aus den Mikrocomputer zu benutzen, sind in einem Menue dargestellt. Es besteht aus einer Liste von Befehlen auf der Systemebene (Systemkommandos):

```
COMMAND: E(dit, R(un, F(ile, C(omp, L(ink, X(ecute, A(ssem,
         D(ebug?
```

Das Klammersymbol (in jedem einzelnen Befehl soll darauf hinweisen, daß die Systemkommandos mit den vorausgehenden Buchstaben, d.h. der zugehörigen Taste, gestartet werden können. Das Fragezeichen am Schluß gibt den Hinweis, daß die Palette von Kommandos noch nicht vollständig ist. Wird das Fragezeichen ?

eingetippt, so erscheinen weitere Kommandos. Für den Fortgang des Buches ist lediglich eine Auswahl von Kommandos von Bedeutung, u.a.:

R(un = Run, X(ecute = Execute : Zum Starten von Programmen

F(ile = Filer: Zum Verwalten von Programmen, Dateien und Disketten

Edit = Editor: Zum Schreiben und Editieren von Texten und Programmen

C(omp = Compiler: Zum Übersetzen von Programmen

Die Kommandos F(ile und E(dit sind selbst wiederum eigene Befehlswelten mit eigenen Menues. Das Verhältnis von COMMAND-Welt zu den EDIT- und FILER-Welten ist hierarchisch, siehe Abb. 3. Die EDIT-Welt wird von der COMMAND-Welt ausgehend mit dem Drücken der Taste E (kleines oder grosses E) angesteuert, die FILER-Welt durch Drücken von F. In der EDIT-Welt wird folgendes Menue auf den Bildschirm projiziert:

```
>EDIT: A(djust, C(opy, D(elete. F(ind, I(nsert, J(mp,
       K(ol, R(place, Q(uit, X(chng, Z(ap
```

Sofern der Arbeitsspeicher (vergl. §6) keinen Inhalt besitzt, erscheint beim Ansteuern der EDIT-Welt eine Zwischenanfrage auf dem Bildschirm, die mit der RETURN-Taste zu beantworten ist.

Das Menue der FILER-Welt lautet:

```
FILER: G(et, S(ave, W(hat, N(ew, L(dir, R(em, C(hange,
       T(rans, D(ate?
```

Das Fragezeichen deutet auf weitere Befehle in der FILER-Welt. Aus den beiden Welten kehrt man durch Drücken von Q in die COMMAND-Welt zurück (aus der EDIT-Welt über ein Zwischen-Menue, siehe §4).

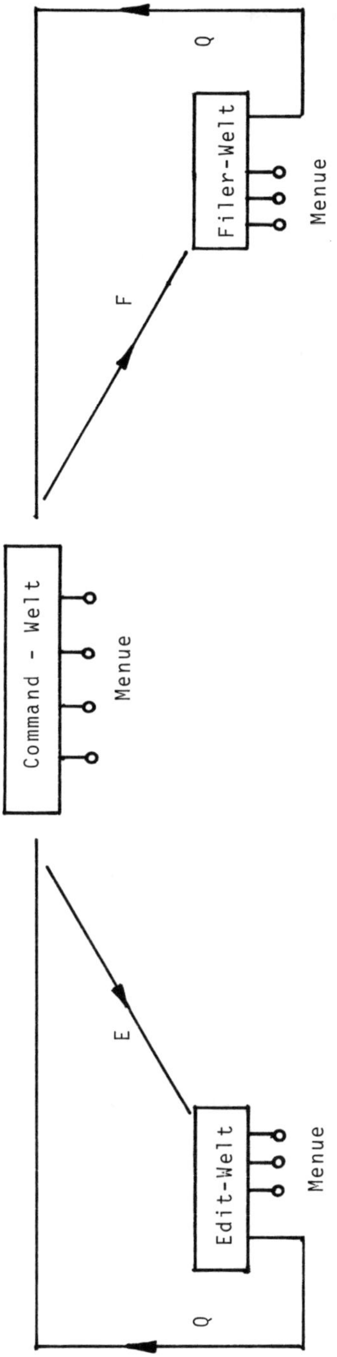

Abb. 3: Der hierarchische Aufbau der Befehlswelten

§4 Die EDIT-Welt: Das Schreiben von Texten

In der EDIT-Welt steht der Bildschirm in Verbindung mit der Tastatur dem Benutzer als elektronische Schreibmaschine offen. Texte beliebigen Inhalts und beliebiger Länge können geschrieben und editiert werden. Hierzu zählen auch Texte der Programmiersprache USCD-PASCAL. Um diese Texte zu erstellen, wird die EDIT-Welt benötigt. Die Texte sind in der üblichen Weise zeilenweise aufgebaut und werden von oben nach unten fortlaufend auf den Schirm geschrieben. Wenn der Schirm nach 24 Zeilen voll ist[1],so rückt der ganze Inhalt des Schirms um eine Zeile nach oben. Die obere Zeile verschwindet (nur optisch), die untere Zeile wird frei für die Fortsetzung des Textes. Eine Zeile ist 80 Zeichen breit. Der Leuchtpunkt, oder auch Cursor genannt, bezeichnet die Stelle auf dem Bildschirm, an der das nächste Zeichen geschrieben wird.

Der Bildschirm-Editor, d.h. die EDIT-Welt, enthält einen Vorrat von Befehlen, mit denen man den Text eines PASCAL-Programms oder auch einen anderen Text schreiben, korrigieren oder sonstwie verändern kann.

Um mit dem Editor umgehen zu lernen, wollen wir einen kurzen Übungstext eingeben. Zu diesem Zweck ist zunächst der mögliche Inhalt des Arbeitsspeichers ("System.Work") zu löschen. Dies geschieht in der FILER-Welt durch den N(ew-Befehl. Von der COMMAND-Welt ausgehend begeben wir uns in die FILER-Welt durch Drücken von F. Dort drücken wir N (=New=neu). Falls der Arbeitsspeicher einen Inhalt hat, erscheint auf dem Bildschirm die Anfrage: "Throw away current workfile?" Diese Anfrage wird mit Y (=yes) beantwortet. Dann antwortet der Bildschirm: "Workfile cleared", und wir verlassen die FILER-Welt durch Q und gelangen in die COMMAND-Welt. Mit E gelangen wir dann in die EDIT-Welt. Da wir gerade den Inhalt des Arbeitsspeichers gelöscht haben, ist kein Text vorhanden, und das System antwortet:

No Workfile is present. File? (<ret> for no file)

Wir drücken die Return-Taste und befinden uns in der EDIT-Welt. Dort geben wir einen Text von zwei bis fünf Zeilen ein, anhand dessen wir die Funktionen des Editors ausprobieren können. Zur Eingabe von Text drücken wir zuvor I (=INSERT = einfügen) und befinden uns dann im Eingabe-Zustand. Dort geben wir einen

----

1)Wir nehmen an, der Bildschirm habe 24 Zeilen.

Probetext ein, wobei die Zeilenschaltung mit Return vonstatten geht, etwa:

> Dieser Text dient der Veranschaulichung der Editorfunktionen. Innerhalb dieses Textes können wir den Cursor bewegen, Buchstaben ändern, Worte einfügen oder streichen.

Nachdem wir diesen Text, durchaus auch fehlerhaft, eingegeben haben, beenden wir die Text-Eingabe mit der ETX-Taste (=end of text, bei manchen Consolen auch ENTER-Taste oder Control-C [1]). Nun haben wir einen Text im Editor, mit dem wir experimentieren können.

Nachdem wir die ETX-Taste gedrückt haben, erscheint als erste Zeile das Menue der EDIT-Welt:

```
>EDIT: A(djst, C(opy, D(lete, F(ind, I(nsrt, J(mp,
       R(place, Q(uit, X(chang, Z(ap
```

Man kann sich den Aufbau des Textes eines PASCAl-Programms so vorstellen, daß auf einem nahezu unbegrenzt langen Streifen Papiers Zeile auf Zeile des Textes aufgereiht sind. Dabei ist eine Zeile höchstens 80 Zeichen breit. Man sagt auch, die Zeile habe 80 Spalten. Diesem möglicherweise aus sehr vielen Zeilen bestehenden Text steht jedoch ein Bildschirm gegenüber, der lediglich 24 aufeinanderfolgende Zeilen gleichzeitig abbilden kann.

Mit den Befehlen zur Cursor-Steuerung lassen sich nun diejenigen Zeilen auf den Bildschirm bringen, für die man sich beim Editieren interessiert. Zusätzlich zu dieser Funktion der Cursorsteuerung, die wichtigen Zeilen zu projizieren, besitzt der Cursor die Funktion des "spitzen Bleistifts";man kann ihn genau an diejenigen Textstellen wandern lassen, wo Änderungen vorgenommen werden sollen. Die Auswahl der "wichtigen" Zeilen kann nach verschiedenen Kriterien erfolgen. Etwa: Springe an den Textanfang, d.h. in die 1.Zeile etc.

----

1) Control-C bedeutet, die Taste C zu drücken, während man die Controltaste gedrückt hält.

Die weiteren Erläuterungen der Funktionen in der EDIT-Welt wollen wir nun getrennt nach drei Bereichen geben: I)Die relativen Bewegungen des Cursors auf dem Text, II)Das Schreiben von Texten auf dem Bildschirm, III)Die Rückkehr von der EDIT-Welt in die COMMAND-Welt.

I) Die relativen Bewegungen des Cursors auf dem Text

1.Die Tasten zur Cursor-Steuerung

Die Tasten mit den Pfeilen -> , <- , ↑ . ↓ bewegen den Cursor um eine Position in die angegebene Richtung. Erreicht der Cursor bei der Taste -> das Ende der Nicht-blank-Zeichen[1] der Zeile, in der er sich befindet, so springt er beim nächsten Tastendruck auf das erste Nicht-blank-Zeichen der nachfolgenden Zeile. Steht der Cursor in der tiefsten Zeile, und wird die Taste ↓ gedrückt,so wandert der Bildschirminhalt eine Zeile nach oben. Dabei verschwindet die oberste Zeile, und unten erscheint eine neue Zeile. Der Cursor kann nur innerhalb des "Feldes" bewegt werden, das durch den bereits eingegeben Text markiert ist.

2.Das Setzen der Flaggensymbole > und <

Das erste Zeichen der ersten Zeile der EDIT-Welt, in der das Menue angeboten wird, ist die Flagge, die entweder vorwärts oder rückwärts stehen kann:

```
     >EDIT:          Flagge >  steht vorwärts
 oder
     <EDIT:          Flagge <  steht rückwärts.
```

Das Flaggensymbol steuert die Richtung, in welcher der vorliegende PASCAL-Text (hier unser Probetext) von Suchbefehlen durchlaufen werden kann. Insbesondere steuert die Flagge das "Umblättern". Auf der Tastatur kann man mit den Tasten > und < zusammen mit Shift die Flagge setzen.

3.Das P(AGE-Commando zum Umblättern

Wenn man den Inhalt des Bildschirms als eine Seite eines Buches auffaßt, so gestattet das P(AGE-Commando das Umblättern der

----

1)Mit blank wird das Leerzeichen bezeichnet.

"Seiten". Der Text wird durch das Drücken

der Taste P

- umgeblättert zur folgenden Seite, wenn die Flagge auf >steht

- zurückgeblättert zur vorhergehenden Seite, wenn die Flagge auf <steht.

II) Das Schreiben von Texten auf dem Bildschirm

1.Das Schreiben von neuem Text mit INSERT
Generell werden Texte geschrieben, indem vom Menue der EDIT-Welt die INSERT-Option gewählt wird (Insert = einfügen). Wenn der Cursor am jeweiligen Textende in der nachfolgenden freien Zeile steht - oder der Bildschirm leer ist bis auf das EDIT-Menue - so kann nach dem Befehl

drücke Taste I

ein Text von beliebiger Zeichenkombination auf den Schirm geschrieben werden. Eine neue Zeile wird mit dem Return-Befehl angesteuert.

Beenden der Texteingabe: Man verläßt die INSERT-Welt und kehrt in die EDIT-Welt zurück, indem die

ETX-Taste (ETX = end-of-text)

(oder Enter-Taste oder Control-C)

gedrückt wird. Mit diesem Befehl wird die Rückkehr in die EDIT-Welt bewerkstelligt und zugleich der geschriebene Text im Hauptspeicher festgehalten.

Alternativ kann man die INSERT-Welt durch das Drücken der

ESC-Taste (ESC=escape=verlassen)

verlassen und die EDIT-Welt erreichen. Bei diesem Befehl geht aber der neu geschriebene - d.h. während des letzten INSERT-Zustandes geschriebene - Text verloren.

2. Das INSERT-Kommando zum Einfügen von Text

Dieses Kommando erlaubt es, in einer gegebenen Textzeile einen zusätzlichen Text beliebiger Länge einzufügen. Dadurch kann sich die Zeilengliederung ändern. Zunächst ist der Cursor in die Zeile und Spalte zu bringen, wo der Text eingefügt werden soll. Der Befehl

drücke Taste I

läßt dann den Teil der Zeile, der am Ort des Cursors beginnt, ganz nach rechts wandern. In den Freiraum kann nun ein neuer Text beliebiger Länge eingefügt werden, wobei am Zeilenende stets die Return-Taste betätigt werden muß.

Beendet wird die INSERT-Welt durch die Taste

ETX (=end of text)

Hierdurch kehrt man in die EDIT-Welt zurück. Zugleich wird der neue Text in den Hauptspeicher geschrieben. Eine Rückkehr ist ebenfalls durch die Taste

ESC

möglich. Bei diesem Weg wird aber der neue Text nicht gespeichert, sondern geht verloren.

Korrigieren des neuen Textes in der INSERT-Welt:
Die

RUBOUT-Taste

löscht das jeweils letzte, neu eingegebene Zeichen.

3. Das DELETE-Kommando zum Löschen

Dieses Kommando dient dazu, gewisse Teile des Textes im Hauptspeicher zu löschen. Der zu löschende Textteil wird durch zwei

Cursorpositionen beschrieben. Steht der Cursor zunächst in einer Position P1, wird dann die Taste

D

gedrückt, sowie der Cursor in eine Position P2 bewegt, so werden alle Zeilen und alle Spalten, die zwischen den beiden Positionen P1 und P2 liegen, auf dem Bildschirm gelöscht.

Rückkehr in die EDIT-Welt:
Die Taste

ETX

läßt die Maschine wieder in die EDIT-Welt zurückkehren und löscht zugleich die durch das DELETE-Kommando auf dem Bildschirm gelöschten Zeichen im Hauptspeicher.

Wählt man dagegen die Taste

ESC

als Rückkehr in die EDIT-Welt, so kehrt die Maschine in die EDIT-Welt zurück, ohne daß im Hauptspeicher der Löschvorgang vermerkt wird. Die Wirkung von DELETE hängt von der Flagge ab.

4.Das Übertippen mit EXCHANGE

Innerhalb einer gegebenen Textzeile können Zeichen neu überschrieben werden, indem der Cursor an die entsprechende Stelle gebracht wird und die

X-Taste (X=Exchange = ändern)

gedrückt wird. Sodann kann der Text neu überschrieben werden. Dieses X-Commando vereinfacht das Korrigieren von einzelnen Tippfehlern; man kann die alternativ zur Verfügung stehende Befehlsfolge

- Lösche die falschen Buchstaben mit DELETE

- Schreibe neue Buchstaben mit INSERT

dadurch vereinfachen.

Aus der EXCHANGE-Welt kehrt man durch die

ETX-Taste

oder

ESC-Taste

in die EDIT-Welt zurück.

III) Rückkehr aus der EDIT-Welt in die COMMAND-Welt

Aus der EDIT-Welt kehrt man durch Drücken der Taste

Q (Q = Quit = Beenden)

in die COMMAND-Welt zurück. Dieser Rückweg verläuft über ein Menue, das nach der Q-Taste erscheint:

- U(pdate the workfile and leave

  (Drücken von Taste U schreibt dann den in der EDIT-Welt verfaßten Text in den Arbeitsspeicher ("System.Work") und sichert so den Text auf der Diskette)

- E(xit without updating

  (Drücken der Taste E veranlaßt Rückkehr in die COMMAND-Welt, ohne daß der in der EDIT-Welt verfaßte Text in den Arbeitsspeicher geschrieben wird. Der Text geht dann verloren, wenn der Computer abgeschaltet wird.)

- R(eturn to the editor without updating

(Man hat es sich anders überlegt, will doch nicht in die COMMAND-Welt sondern zurück in die EDIT-Welt. Dies geschieht mit Drücken der Taste R)

- W(rite to a file name and return

  (Der Text der EDIT-Welt wird auf einer Diskette unter einem Namen abgelegt und damit gesichert, siehe §6, oder auf den Drucker ausgeben, siehe §9.
  Dies geschieht durch Drücken der Taste W).

Soweit soll hier der Editor erläutert werden. Mit diesen Befehlen kann der Leser einen Text editieren. Zur Einführung in die anderen Befehle sei er auf die Literatur verwiesen (Niemeyer 1980, Bowles 1980, Manual 1981).

§5 Die Filer-Welt: Das Verwalten von Dateien und Disketten

In der FILER-Welt werden die Disketten und deren Inhalt verwaltet. Die Verwaltung geht über Namen vor sich. Disketten (volumes) und die darauf gespeicherten Dateien (Files) werden mit ihren Namen angesprochen und aktiviert. Die Regeln der Namensgebung für Disketten und Files werden in §7 besprochen. Man kann Files einrichten, ändern, löschen, kopieren und ihren Inhalt auf den Bildschirm oder Drucker ausgeben lassen. Ferner lassen sich deren Namen verändern.

Abfragen der Namen der Disketten:

Maschinenintern besitzt das eine Diskettenlaufwerk die Nummer 5 (#5:), das andere die Nummer 4 (#4:). In der FILER-Welt werden mit dem V-Befehl die Namen der Disketten beider Laufwerke auf den Bildschirm projiziert. Systemantwort:

```
#4: Diskettenname der Diskette im Laufwerk #4:
#5: Diskettenname der Diskette im Laufwerk #5:
```

Wenn z.B. im Laufwerk #4: die Systemdiskette steckt und in Laufwerk #5: eine Diskette mit Namen LIBRARY:, so erhält man als

Systemantwort auf den V-Befehl:

#4:SYSTEM:
#5:LIBRARY:

Die Namen der Files einer Diskette lassen sich wie folgt abfragen: Auf den Bildschirm werden die Namen aller Files einer Diskette projiziert, wenn der

L-Befehl

gegeben wird.

Es erscheint dann zunächst die Zeile:

Dir listing of what volume?

(Dir = Directory = Verzeichnis der File-Namen)

Als Antwort gibt man entweder den Namen der Diskette ein, die in einem der Laufwerke steckt (den Namen kann man zuvor mit dem V-Befehl erfragen) oder man gibt die gewünschte Laufwerks-Nummer an. Der Name ist in Groß- oder Kleinbuchstaben einzutippen, gefolgt von einem Doppelpunkt, und der RETURN-Taste. Alternativ kann man auch die Laufwerksnummer eingeben, ebenfalls gefolgt von der RETURN-Taste, also

#4:

oder

#5:

und dann die RETURN-Taste.

Die Abb. 4 veranschaulicht die Datenorganisation einer Diskette in Verbindung mit den Namen und den Abfragemöglichkeiten.

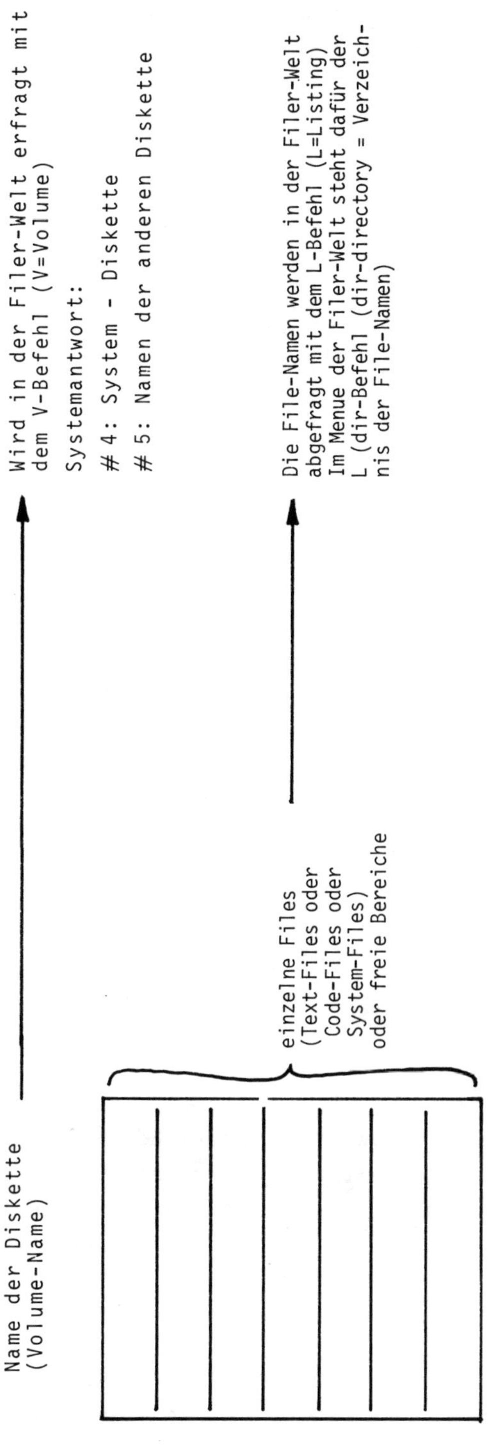

Abb. 4: Daten-Organisation einer Diskette

Zum Beispiel erhalten wir folgende Mitteilung auf den Bildschirm projiziert, wenn wir annehmen, daß die System-Diskette im Laufwerk #4: steckt und daß wir den L-Befehl für #4: ausführen:

```
SYSTEM:

SYSTEM.PASCAL        107  5-Mar-82
SYSTEM.FILER          32 28-Jul-81
SYSTEM.INTERP         27  3-Mar-82
SYSTEM.LIBRARY         9  1-Mar-82
SYSTEM.MISCINFO        1 20-Nov-81
SYSTEM.LINKER         26 27-Jan-81
SYSTEM.EDITOR         49 28-Jul-81
SYSTEM.SYNTAX         14  4-Dec-80
DATENEING.TEXT         6 25-Oct-82
DATENEING.CODE         4 25-Oct-82
LIBRARY.CODE          13  6-Nov-81
RANDEING.TEXT          6 25-Oct-83
RANDEING.CODE          3 25-Oct-83
DRUCK.TEXT             6 24-Jan-84
DRUCK.CODE             4 24-Jan-84
SYSTEM.WRK.TEXT        4 24-Jan-84

16/16 files<listed/in-dir>, 325 blocks used, 188 unused, 94 in
largest
```

In der obersten Zeile erscheint der Name der Diskette, hier "SYSTEM:". Dann folgen die Namen der einzelnen Files. Zunächst die Programme des Betriebssystems von PASCAL. Dieses sind die Files, die mit "SYSTEM." beginnen. Dann folgen andere Files, die nach dem File-Namen den Zusatz .CODE oder .TEXT tragen. Dieses ist eine Besonderheit der File-Namen bei UCSD-PASCAL. Mit Ausnahme der Systemsoftware tragen alle anderen Files im Namen den Zusatz .CODE oder .TEXT. Sie werden daher als Code-Files oder Text-Files bezeichnet. Das File SYSTEM.WRK.TEXT zählt zur Systemsoftware und trägt - als Ausnahme - ebenfalls den Zusatz .TEXT

Code-Files sind lauffähige UCSD-PASCAL-Programme, die mit dem X-Befehl (execute) auf der oberen COMMAND-Ebene gestartet werden können. Dagegen sind Text-Files Dateien, die vom Benutzer lesbar sind. Sie könen in den Editor geladen, auf den Bildschirm projiziert und mit dem Drucker ausgedruckt werden. Umgekehrt können alle Texte, die mit dem Editor erzeugt werden, als Text-Files auf einer Diskette gespeichert werden.

Die Disketten können u.U. eine große Zahl verschiedener Dateien tragen. Dadurch kann die Ausgabe der Datei-Namen auf dem Bildschirm unübersichtlich werden. Sinnvoller ist es, die projizierten Dateinamen auf die augenblicklich interessierenden zu beschränken. Dieses kann mit dem Gleichheitszeichen = in folgender Weise geschehen. Will man etwa allein die Dateien projizieren, deren Name mit "SYSTEM." beginnen, so gibt man beim L-Befehl als Antwort auf die Anfrage: DIR LISTING OF WHAT VOLUME? ein[1]:

#4:SYSTEM.= <RETURN >

Alle Namen von Text-Files erhält man durch

#4:=.TEXT <RETURN >

Bei allen Operationen mit Files auf der Systemebene werden die Files grundsätzlich in der Form

Laufwerksnummer:Filename.Text oder .Code

angesprochen, also z.B. #5:Daten1.Text[2].

Wir wenden diese Regel auf den T-Befehl an, der das Kopieren eines Files von einem Laufwerk zu einem anderen bewerkstelligt (T = Transfer =Übertragen). Beispiel:

Taste T
Systemantwort: Transfer what file?
Benutzer: #5:Daten1.Text,#4:$ <RETURN >

Hierbei wird das File Daten1.Text vom Laufwerk #5: auf die Diskette im Laufwerk #4: kopiert. Das $ Zeichen bewirkt, daß die Kopie den gleichen Namen erhält. Die Namen von Files werden mit C(hange geändert (siehe §7).Gelöscht werden Files mit R(em (=Remove).

----

1) Mit der Bezeichnung <RETURN> ist das Drücken der RETURN-Taste gemeint.
2) Wird das Hauptlaufwerk #4: angesprochen, so kann man die Abkürzung * verwenden.

Die Befehle G(et, S(ave und N(ew betreffen das Umkopieren von Files zwischen permanenten (d.h. dauernden) und transienten (d.h. flüchtigen) Speichermedien - eine Problemstellung, die nun besprochen wird.

§6 Das Speichern von Dateien: Diskette und Arbeitsspeicher

Das Betriebssystem von UCSD-PASCAL besitzt drei wichtige Möglichkeiten, Text-Files (oder Code-Files) zu speichern:

- den Hauptspeicher (ehemals Kernspeicher) in der Zentraleinheit (=EDIT-Welt), Visualisierung mittels Bildschirm - nur für Text-Files ,

- den Arbeitsspeicher "SYSTEM.WRK." (=System.Work) auf der Systemdiskette,

- permanente Speicher auf den Disketten in den Laufwerken.

Die Reihenfolge, in der die drei Speichermedien angesprochen werden, hängt von der Benutzung ab: Wird ein Text-File hergestellt, z.B. ein Programm, so wird es im Hauptspeicher (=EDIT-Welt) editiert, dann in den Arbeitsspeicher geladen und dort überprüft (z.B. Compilieren und Probeläufe). Und wenn es zum Schluß zufriedenstellend arbeitet, wird es endgültig auf einer Diskette unter einem Namen als Text-File und/oder Code-File

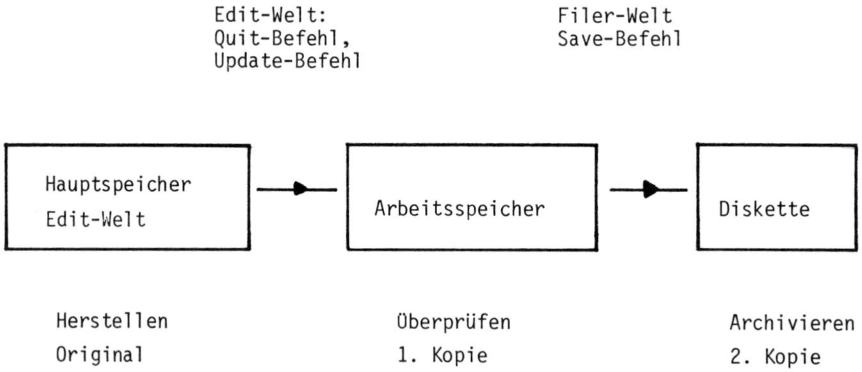

Abb. 5: Die verschiedenen Speichermedien

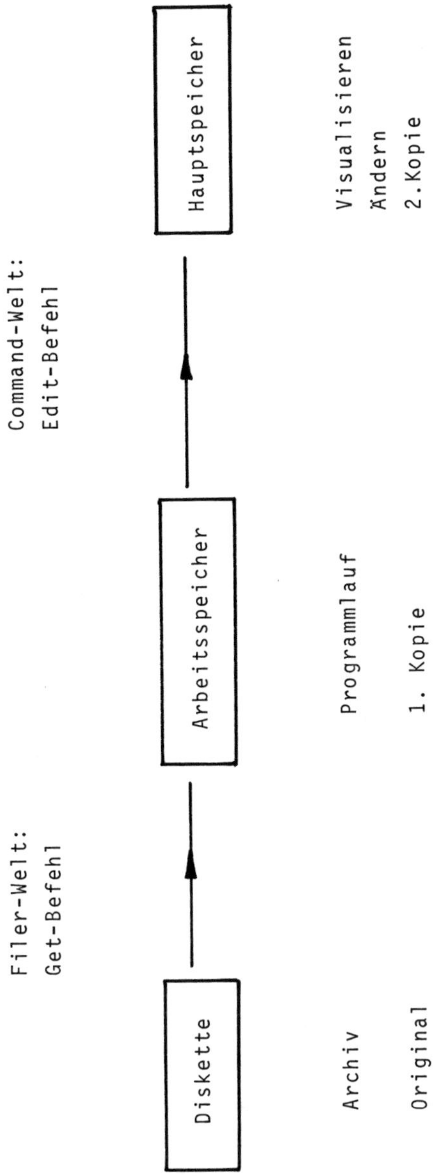

Abb. 6: Das Laden eines Programms

gespeichert. Damit ist es auch gesichert und archiviert; es kann jederzeit wieder aktiviert werden. Die Speicherfolge veranschaulicht Abb.5.

Die Reihenfolge kehrt sich um, wenn mit einem File, das fest auf einer Diskette archiviert ist, gearbeitet werden soll, wie z.B.

der Lauf eines Programms, Änderung eines Text-Files, Darbietung des Inhalts eines Text-Files auf dem Bildschirm. Dann wird zunächst das File in den Arbeitsspeicher mit dem Get-Befehl geladen und von dort in den Hauptspeicher (EDIT-Welt), wie es Abb.6 darstellt.

Anschaulich läßt sich das Verhältnis der verschiedenen Speichermedien mit den Arbeitsvorgängen vergleichen, die bei Sekretariatsarbeiten anfallen, wenn Originale und Kopien von Texten hergestellt werden. In der EDIT-Welt wird ein Original hergestellt - eine Text-Datei. Nachdem mit den Editor-Funktionen alle Fehler aus dem Original beseitigt worden sind, wird dessen Kopie auf der Diskette archiviert. Nun kann in der EDIT-Welt ein neuer Text editiert werden, nachdem zuvor der Arbeitsspeicher gelöscht worden ist. Dabei geht dem Benutzer der ursprüngliche Text nicht verloren, da er auf der Diskette archiviert ist. Aber der Arbeitsspeicher ist nun frei für neue Aktivitäten. Daher ist er ein vorübergehendes Speichermedium (transient).

Mit dem Löschen des Arbeitsspeichers ist auch der Hauptspeicher der EDIT-Welt gelöscht. Auch dieser Speicher ist transient. Da dieser Speicher ein Halbleiterspeicher ist, sind dessen gespeicherte Inhalte noch wesentlich flüchtiger als die des Arbeitsspeichers, der auf einer Diskette realisiert ist. Bei Stromausfall, beim Abschalten des Mikrocomputers und bei Systemzusammenbrüchen geht der Inhalt des Hauptspeichers verloren. Aus diesem Grunde ist es empfehlenswert, beim Erstellen längerer Texte im Editor nach jeweils 20 - 40 Zeilen, die neu editiert worden sind, eine Sicherheitskopie im Arbeitsspeicher mit der Quit-Update-Befehlsfolge anzulegen. Der Arbeitsspeicher ist insofern permanent, als Vorgänge wie Abschalten, Systemzusammenbrüche und Stromausfall dessen Inhalt unberührt lassen.

Die Befehle G(et, S(ave und N(ew der FILER-Welt vermitteln zwischen den drei genannten Speichermedien. Der G(et-Befehl, d.h. Taste G, holt ein File von der Diskette in den Arbeitsspeicher. Wenn bei diesem Befehl der Arbeitsspeicher belegt ist, wird der Benutzer darüber informiert und angefragt, ob die alte Belegung des Arbeitsspeichers gelöscht werden soll, bevor das neue File darin kopiert wird. Der S(ave-Befehl, d.h die Taste S, arbeitet in umgekehrter Richtung. Ein im Arbeitsspeicher befindliches File wird unter einem bestimmten Namen auf einer Diskette archiviert. Der N(ew-Befehl, d.h. die Taste N, löscht den Inhalt des Arbeitsspeichers.

§7 Fragen des Diskettenmanagements: Initialisierung, Namen und Dokumentation

An dieser Stelle wollen wir einige Hinweise auf den Umgang mit Disketten geben. Zunächst sind fabrikfrische Disketten besonders zu behandeln, ehe sie überhaupt benutzt werden können. Der Benutzer sollte sich Klarheit über die Kerbe an der Diskette verschaffen. Sie kann offen sein oder mit einem Stück Aluminiumpapier verschlossen. Der eine oder andere Zustand - offen oder verschlossen - versieht die Diskette mit dem Schreibschutz. Wenn der Schreibschutz besteht, so können von der Diskette Informationen nur gelesen, jedoch keine auf sie geschrieben werden. Der Schreibschutz ist also als eine Sicherung gegen versehentliche Änderungen zu verstehen. Welcher der beiden Zustände - offen oder geschlossen - nun gerade den Schreibschutz darstellt, ist leider nicht einheitlich geregelt.

Bei Mikrocomputern mit dem CP/M-Betriebssystem ist es im allgemeinen so, daß bei 5 1/4-Zoll-Disketten eine verschlossene Kerbe den Schreibschutz herstellt. Bei 8-Zoll-Disketten ist es umgekehrt ist. Bei der Alphatronic-Maschine von Triumph-Adler besteht bei den 5 1/4-Zoll-Disketten der Schreibschutz bei offener Kerbe, beim SUPERBRAIN und beim APPLE bei geschlossener.

Als zweiter Schritt ist die Diskette zu initialisieren. Um dieses zu bewerkstelligen, gibt es verschiedene Hilfsprogramme, die leider nicht zum eigentlichen Betriebssystem von UCSD-PASCAL gehören und die je nach Maschinentyp gestartet werden müssen. Bei den Maschinen mit dem CP/M-Betriebssystem ist das Programm FORMAT auf der Systemebene von CP/M zu starten. Beim APPLE-Computer ist es das Programm FORMAT, das Bestandteil der an den APPLE angepaßten Lieferung von UCSD-PASCAL ist. Bei den OHIO-STATE-Maschinen, beim SUPERBRAIN und dem SIRIUS ist das Programm DISKUTIL zu verwenden.

Nachdem die Diskette initialisiert worden ist , kann sie mit einem Namen (Volume-Namen) versehen werden. Dieser Name ist unbedingt erforderlich, da er vom Betriebssystem zum Verwalten der Laufwerke benötigt wird. Der Name wird mit dem Z-Befehl in der FILER-Welt vergeben. Bei dieser Namensgebung ist zu beachten, daß es um das erstmalige Vergeben eines Namens geht - nicht etwa um das Ändern eines bereits bestehenden Namens. Das eigentliche Ändern von Namen geht besser mit dem C(hange-Befehl in der FILER-Welt vonstatten. Hierauf kommen wir anschließend. Allerdings lassen sich auch "aktive" Disketten, die bereits einen Namen tragen, mit dem Z-Befehl mit einem Namen versehen. Dann gehen aber alle bisher gespeicherten Informationen verloren. Damit hängt auch der Name des Z-Befehls zusammen: Z = Zero = Löschen des Inhaltsverzeichnisses der Diskette.

Um den Z-Befehl auszuführen, hat sich der Benutzer zunächst beim Hersteller seines Mikrocomputers darüber zu informieren, welche Zahl von Blöcken auf der Diskette vorgesehen sind. Die von der Fa. COSTEC vertriebene Maschine COSTEC2-4 ist z.B. auf 513 Blöcke eingestellt. Diese Anzahl ist von Bedeutung, da sie im Ablauf des Z-Befehls einzugeben ist [1].

Im folgenden wird der Dialog dargestellt, der während des Z-Befehls abläuft. Dabei werden 513 Blöcke angenommen, als Disketten-Name LIB2: (LIBRARY2) und eine neue in Laufwerk #5: steckende Diskette:

```
Benutzer: Z
Systemantwort: zero dir of what vol?
Benutzer: #5:    <RETURN>
Systemantwort: duplicate dir?
Benutzer: y      <RETURN>
Systemantwort: # of blocks on the disk?
Benutzer: 513    <RETURN>
Systemantwort: new vol name?
Benutzer: LIB2:  <RETURN>
Systemantwort: LIB2: correct?
Benutzer: y      <RETURN>
Systemantwort: LIB2: zeroed
```

----

1) Um den Datentransfer zu vereinfachen, sind die Informationen auf der Diskette zu Blöcken gebündelt.

Will man den Namen einer Diskette lediglich verändern, so ist der C-Befehl in der FILER-Welt zu benutzen (C=Change=verändern). Der C-Befehl ist von seinem Dialog her eigentlich zum Ändern von File-Namen gedacht, er kann aber auch Disketten-Namen verändern. Um den C-Befehl vorzuführen, nehmen wir an, eine Diskette mit Namen LIB2: soll den Namen LIB3: erhalten. Diese Diskette stecke in Laufwerk #5:. Folgender Dialog ergibt sich beim C-Befehl:

```
Benutzer: C
Systemantwort: change what file?
Benutzer: #5:     <RETURN>
Systemantwort: change to what?
Benutzer: LIB3:  <RETURN>
Systemantwort: LIB2: --> LIB3:
```

Für die Namensgebung besitzt das UCSD-PASCAL folgende Regeln (vergl. das Manual 1981, S.48f):

1.Disketten-Namen:
Sie dürfen nicht länger als 7 Zeichen sein. Als Zeichen sind das Alphabet und die Ziffern zugelassen. Insbesondere darf der Name nicht die Zeichen = $? , enthalten. Der Name muß mit einem Buchstaben beginnen und mit einem Doppelpunkt : abgeschlossen werden, der dann als 8. Zeichen zählt. Demnach ist LIBRARY: ein zulässiger Disketten-Name. Er besteht aus 7 Buchstaben und dem Doppelpunkt. Der Doppelpunkt im Namen ist von hoher Bedeutung. Hieran erkennt das System eine Peripherie-Einheit, also z.B. eine Diskette.

2. File-Namen:
Sie dürfen nicht länger als 15 Zeichen sein, einschließlich des Anhangs .CODE oder .TEXT , wobei der Punkt im Anhang als ein Zeichen zählt. Als Zeichen sind das Alphabet, die Ziffern, die Zeichen - / _ . und das Leerzeichen zugelassen. Der Name muß mit einem Buchstaben beginnen. Ein File-Name darf nicht die Zeichen $: = ? enthalten.

Die genannten Regeln für die Namensgebung erfordern also relativ kurze Namen für Disketten und Files. Im praktischen Gebrauch erweisen sich die kurzen Namen jedoch in gewisser Weise als hinderlich, da der Benutzer gezwungen wird, mit Abkürzungen zu arbeiten, deren Bedeutung sich für dritte Personen nicht unmittelbar erschließt wie etwa der Name eines Buches. Denkt man an die Forderung nach Benutzerfreundlichkeit von Mikrocomputersystemen und die daraus ableitbare Forderung nach einfacher und verläßlicher interpersoneller Kommunikation, so können Abkürzungen schwerlich dem gerecht werden.

Die kurzen Namen der Textfiles werfen Probleme auf, wenn eine Vielzahl von Dateien auf der Diskette versammelt sind, die über das Directory-Listing vom Benutzer zu verwalten sind; in einem langen Listing geht die Übersicht verloren. Hier können zwei Strategien den Problemdruck mildern. Zunächst wird ein spezielles Textfile INFO.TEXT auf der Diskette eingerichtet, welches den Benutzer über den Dateibestand der Diskette ausführlich informiert, wenn es mit dem GET-Befehl in den Arbeitsbereich geladen wird. Wird eine Datei neu angelegt, so ist INFO.TEXT fortzuschreiben. Zweitens ist es ratsam, die Diskette nicht vollständig mit Dateien zu belegen, sondern ihre Kapazität nur teilweise auszunutzen. Hierdurch steigt die Übersichtlichkeit des Directory-Listings. Zugleich wird das Risiko des Datenverlustes bei Leseproblemen gesenkt. Drittens hat es sich als vorteilhaft herausgestellt, Disketten nur Dateien eines Sachgebietes tragen zu lassen und die Ordnung der Sachgebiete dann als physische Ordnung von Disketten zu realisieren. Hierdurch steigt die Übersichtlichkeit für den Benutzer.

Zu überlegen bleibt, welche Vorsorge zu treffen ist für den Fall, daß eine Diskette nicht mehr vom System lesbar ist und damit der Datenbestand verloren ist. Dieses kann bei physischen Beschädigungen der Diskette eintreten oder auch dann, wenn bei Programmfehlern - etwa beim Eröffen oder Schließen von Dateien - das Directory der Diskette zerstört wird. Einen Schutz vor Datenverlust bietet die Sicherheitskopie, die mit dem T-Befehl ausgeführt werden kann oder mit dem schnellen PIP auf CP/M-Ebene. Einen gewissen Ersatz für eine Sicherheitscopy für den Fall, daß nur das Directory zerstört wurde, bietet das "Extended Directory", das sich mit dem E-Befehl ausdrucken läßt (siehe §9). Es enthält die Zuordnung der einzelnen Files zu fortlaufend numerierten Blöcken. Dieser Ausdruck des Extended Directory wird zusammen mit der Diskette in der Diskettentasche aufbewahrt. Ein zerstörtes

Directory läßt sich dann anhand der Liste des Extended Directory rekonstruieren, indem den einzelnen Blöcken die File-Namen neu zugeordnet werden. Dieses geschieht mit dem M(ake-Befehl (vergl. Niemeyer, 1981,S.123f). Ferner ist daran zu denken, daß mit dem oben dargestellten Z-Befehl das Directory auf der Diskette doppelt vorliegt. Ist das eine Directory zerstört, so kann dessen Kopie mit den Dienstprogrammen COPYDUPDIR und MARKDUPDIR, die zum Lieferumfang von UCSD-PASCAL gehören, aktiviert werden (siehe das Manual 1981,S. 383).

§8 Das Gesamtsystem: Ein einfacher Programmlauf

In diesem Abschnitt soll dem Leser der Gesamtzusammenhang von Programm-Erstellung im Editor, dessen Übersetzung mit dem Compiler, dem Archivieren und dem Ablauf des Programms anhand eines Beispieles erläutert werden. Es wird ein Programm erstellt, das nichts weiter bewirkt, als den Text

Dieses ist ein UEBUNGSPROGRAMM

auf den Bildschirm zu projizieren. Um dieses Programm zu erstellen, wird zunächst der Arbeitsspeicher mit dem New-Befehl gelöscht und dann in der EDIT-Welt die Insert-Option gewählt. Dort wird folgender Text geschrieben:

```
Program Lern1;
Begin
Write('Dieses ist ein UEBUNGSPROGRAMM');
End.
```

Die Texteingabe wird mit der ETX-Taste beendet. Der Text auf dem Bildschirm wird geprüft, und Fehler werden mit den Editor-Funktionen beseitigt.

Das Programm weist folgende Charakteristiken von UCSD-PASCAL-Programmen auf: Es beginnt mit dem reservierten Wort Program. Auf diesen Begriff folgt der Name des Programms (Lern1). Und das Programm wird mit dem reservierten Wort End und einem Punkt abgeschlossen. Die Anweisung write zwischen dem Paar Begin - End bewirkt beim Programmablauf die Ausgabe des Textes "Dieses ist ein UEBUNGSPROGRAMM" auf den Bildschirm.

Nach dem Editieren des Programms wird die EDIT-Welt mit dem Q verlassen und die Update-Option gewählt. Sie bewirkt, daß der Arbeitsspeicher SYSTEM.WRK., der bis dahin leer war, mit dem Programm als Textdatei vollgeschrieben wird. Dieses Programm steht daher nun auf der System-Diskette zur Verfügung. Es kann unter dem Namen SYSTEM.WRK.Text jederzeit aktiviert werden: In der FILER-Welt erscheint im Inhaltsverzeichnis der System-Diskette - aufzurufen mit L (=Listing) - die Datei "SYSTEM.WRK.Text". Diese Datei kann unter einem beliebigen Namen - empfehlenswert ist der gleiche Name wie der des Programms: Lern1 - mit dem save-Befehl (save= sichere) auf eine andere Diskette geschrieben werden und erscheint dann dort beim Listing (L-Befehl) des Directories unter diesem Namen. Beispiel für den Save-Vorgang:

Taste S (in der FILER-Welt)
Systemantwort: Save as what file?
Benutzer: #5:Lern1 <RETURN >

Das Programm Lern1 liegt nun in der PASCAL-Programmiersprache als Text-Datei vor. Diese Form des Programms ist vom Benutzer lesbar. Jedoch kann die Maschine noch nicht damit umgehen. Um ein ablauffähiges Programm zu erhalten, muß es mit dem Compiler in die Maschinensprache übersetzt werden. Dies geschieht mit dem C-Befehl in der COMMAND-Welt (C=Compile= Übersetzen).

Wenn im Arbeitsspeicher ein PASCAL-Programm in Textform gespeichert ist - was hier der Fall ist - übersetzt der C-Befehl das Programm in die Maschinensprache und speichert es ebenfalls im Arbeitsspeicher, nun aber in Code-Form. Wir können uns mit dem L-Befehl in der FILER-Welt davon überzeugen, daß nach der Arbeitsspeicher nach dem Übersetzen zwei Dateien enthält. Die eine in Code-Form

SYSTEM.WRK.Code,

die andere in Text-Form:

SYSTEM.WRK.Text.

Der Übersetzungsvorgang dauert ca. 100 sec. Er ist begleitet von verschiedenen Mitteilungen auf dem Bildschirm und vielfachem Klicken der Diskettenlaufwerke. Zum Übersetzen ist es erforderlich, daß in einem der beiden Laufwerke eine Diskette steckt, welche die Datei "System.Compiler" enthält. (Generell sollen stets beide Laufwerke Disketten enthalten). Der Übersetzungsvorgang ist beendet, wenn auf dem Bildschirm wieder die COMMAND-Welt erscheint.

Falls das Programm in Textform falsch - d.h. nicht den PASCAL-Regeln entsprechend editiert worden ist - so hält der Übersetzungsvorgang an, und eine Fehlermitteilung erscheint auf dem Bildschirm (Die Fehlermeldungen sind bei Bowles 1980, S.100-107 erläutert). Dann kann mit dem E-Befehl die EDIT-Welt direkt erreicht werden und der Fehler mit dem Editor ausgebessert werden.

Nehmen wir an, der Compiliervorgang sei ohne Fehlermitteilung abgelaufen und beendet. Dann steht das Programm in Code-Form im Arbeitsspeicher zur Verfügung und kann nun auf dem Mikro-Computer ablaufen. Dies geschieht mit dem

R-Befehl auf COMMAND-Ebene (R=Run).

Der R-Befehl läßt das Code-Programm des Arbeitsspeichers ablaufen. Nach dem R-Befehl erhalten wir auf dem Bildschirm die Mitteilung

Running ...

Hierdurch wird der Benutzer darüber informiert, daß der Mikrocomputer ein Programm laufen läßt. Augenblicklich erscheint der "Output" unseres Übungsprogramms Lern1 auf dem Bildschirm:

Dieses ist ein UEBUNGSPROGRAMM

und der Running-Zustand wird beendet. Das System kehrt in die COMMAND-Welt zurück. Mit einem neuen R-Befehl oder dem U-Befehl (U = User Restart) können wir noch einmal das Programm laufen lassen, usw. Die Code-Form des Programms soll nun auf eine der Disketten gesichert werden, damit der Arbeitsspeicher für neue Aktivitäten frei gemacht werden kann, ohne daß Dateien verloren gehen. Dies geschieht wieder mit dem Save-Befehl in der FILER-

Welt. Auf die Anfrage am Bildschirm:

```
Save as what file?
```

gibt der Benutzer mit der Konsole die Antwort:

```
#5:LERN1    <RETURN>
```

Wir nehmen an, daß die Diskette im Laufwerk #5: den Namen LIBRARY: besitzt. Da bereits die Textform von Lern1 auf der Diskette #5: gespeichert worden ist, kommt auf dem Bildschirm die Anfrage

```
Remove old LIBRARY:LERN1.TEXT?
```

womit die Frage gemeint ist, ob das bestehende File LERN1.TEXT auf der Diskette LIBRARY: gelöscht werden soll. Der Benutzer antwortet mit dem Y-Befehl (Y = yes). Danach wird der Inhalt des Arbeitsspeichers vollständig auf die Library-Diskette kopiert und dort mit dem Namen LERN1 versehen. Die Kopie liegt in Form zweier Dateien vor:

```
LERN1.TEXT  (vom Benutzer lesbar)
LERN1.CODE  (von der Maschine lesbar)
```

Das Kopieren beider Dateien zeigt der Bildschirm mit den beiden Mitteilungen an:

```
SYSTEM:SYSTEM.WRK.TEXT -->   LIBRARY:LERN1.TEXT
SYSTEM:SYSTEM.WRK.CODE -->   LIBRARY:LERN1.CODE
```

Damit ist das Programm Lern1 auf der Diskette gesichert. Dessen Inhalt kann jederzeit in der Text-Version über die Befehlsfolge Get und Edit auf den Bildschirm projiziert (und auch im EDIT-Status verändert) werden. Ferner kann man es jederzeit auf dem Mikrocomputer ablaufen lassen. Wenn das Programm mit Get in den Arbeitsspeicher geladen worden ist, kann es mit Run (Taste R) gestartet werden. Wenn der Arbeitsspeicher ein anderes Programm enthält oder leer ist, kann es direkt von der COMMAND-Welt aus mit dem Execute-Befehl (X-Taste) gestartet werden. Nach dem Execute-Befehl kommt die Anfrage

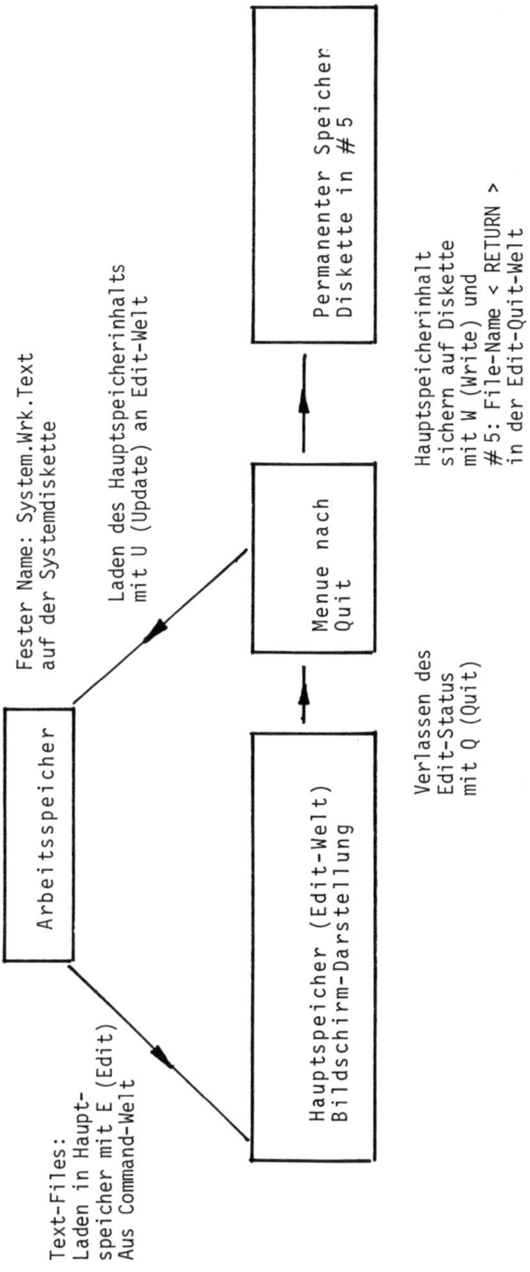

Abb. 7: Das Verhältnis von Hauptspeicher (Edit-Welt) zum Arbeitsspeicher (System.Wrk.)

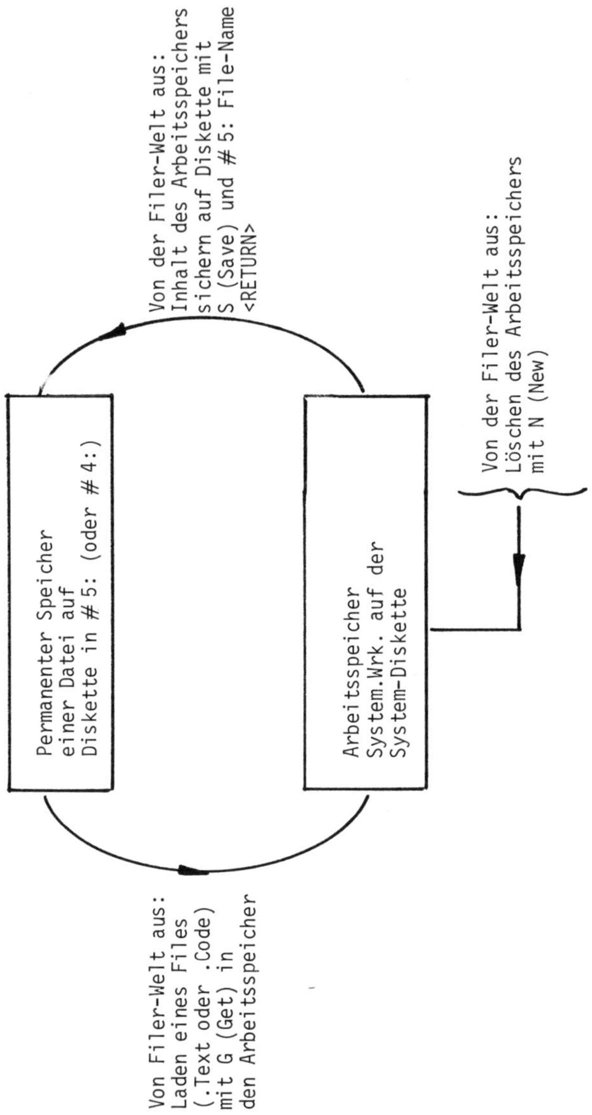

Abb. 8: Das Verhältnis vom Disketten-Speicher zum Arbeitsspeicher (System.Wrk.)

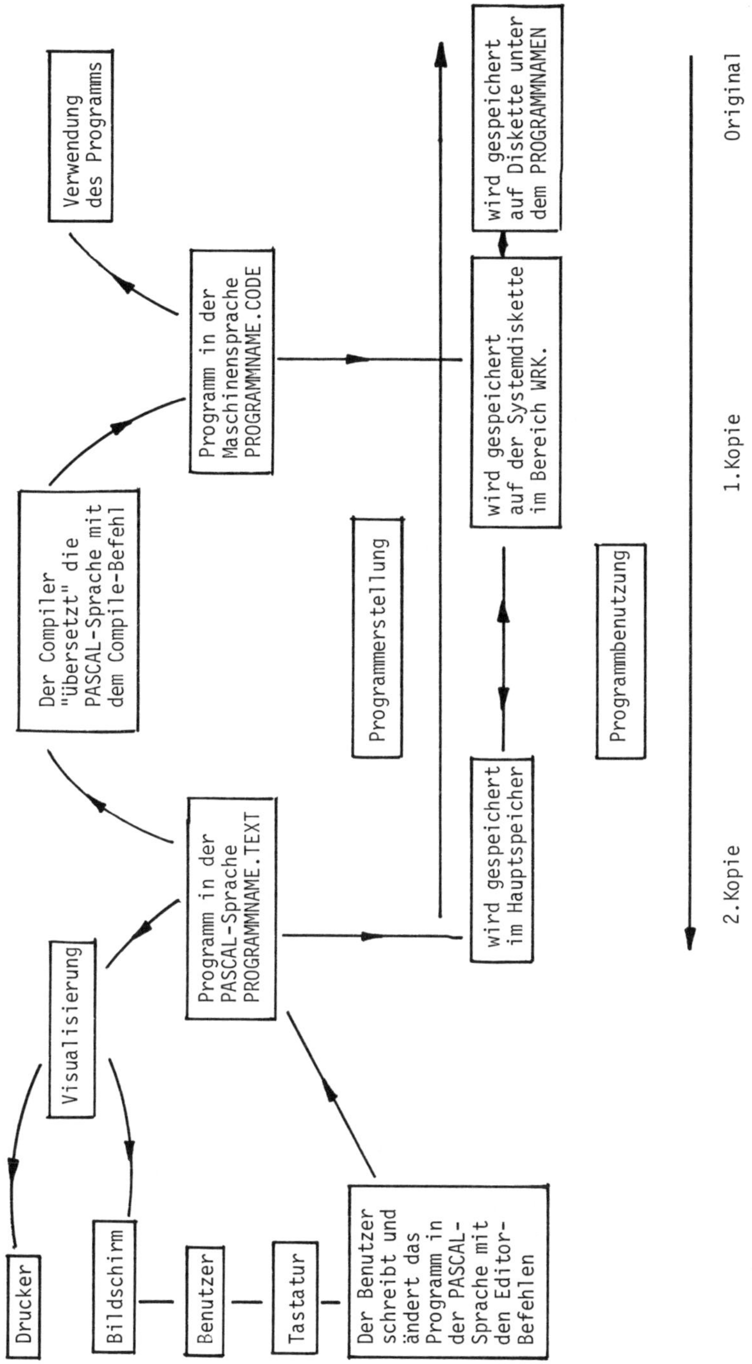

Abb. 9: Das Verhältnis von Programmerstellung, Programmsprachen und Speichermedien

```
Execute what File?
```

auf den Bildschirm, und der Benutzer antwortet mit

```
#5:LERN1     <RETURN>
```

In den Abbildungen 7-9 wird noch einmal dargestellt, wie die verschiedenen Speicherungsformen (Hauptspeicher, Arbeitsspeicher, Diskette), die verschiedenen Formen der Programme (Text und Code) zusammenhängen, welche Befehle die verschiedenen Größen ansprechen und wie das Gesamtsystem (Tastatur, Bildschirm, Compiler und Speicher) aufgebaut ist.

§9 Die Steuerung des Druckers auf der Systemebene von UCSD

Bisher wurde der Benutzer über den jeweiligen Zustand des Mikrocomputers allein durch den Bildschirm informiert. Ein Teil dieser Informationen läßt sich jedoch auch als Hardcopy auf den Drucker ausgeben. Es handelt sich um

- den Ausdruck eines Textfiles
- den Ausdruck des Verzeichnisses aller Files auf einer Diskette.

Dieses sind Informationen auf der Systemebene von UCSD-PASCAL. Die andere Möglichkeit, den Drucker zu benutzen, nämlich um Ergebnisse von Programmläufen zu dokumentieren - etwa den Output unseres Übungsprogramms Lern1 - werden nicht hier, sondern in Teil III des Buchs besprochen.

Hier auf der Systemebene besitzt der Benutzer nur die beiden sich ausschließenden Alternativen der Informationsausgabe: Entweder auf den Bildschirm oder auf den Drucker. Eine Parallelsteuerung beider Einheiten ist auf der Systemebene nicht vorgesehen. Der Mikrocomputer betrachtet auf der Systemebene den Drucker ähnlich wie ein Diskettenlaufwerk oder den Bildschirm, also als eine externe Einheit, die in gleicher Weise aktiviert wird. Wie die Laufwerke der Diskette mit den Nummern #4: und #5: angesprochen werden, so der Drucker mit #6: .

Das Ausdrucken von Textfiles geschieht in der FILER-Welt mit dem Transfer-Befehl (Taste T):

```
Taste T,
Systemantwort: Transfer what file?
Benutzer: #5:Lern1.Text,#6:$     <RETURN>
```

Hierbei ist angenommen, daß das Textfile Lern1.Text auf der Diskette im Laufwerk #5: steht.

Das Inhaltsverzeichnis ("Directory") einer Diskette wird mit dem Listing-Befehl L der FILER-Welt ausgedruckt:

```
Taste L,
Systemantwort: Dir listing of what vol?
Benutzer: #4:,#6:  <RETURN>
```

Diese Befehlsfolge druckt das Verzeichnis der Diskette im Laufwerk #4: aus. Wie oben geschildert, gibt der Gebrauch des Gleichheitszeichens die Möglichkeit, den Ausdruck des Inhaltsverzeichnisses selektiv vorzunehmen. Das Extended Directory erhält man analog mit dem E-Befehl.

Spezielle Informationen zur Druckersteuerung (Schriftbild, Zeilenabstand etc.) werden hier nicht gegeben. Der Benutzer wird hierzu auf die Manuals der Drucker verwiesen.

Teil II
Das Betriebssystem von TURBO-PASCAL

In diesem Teil wird auf das Betriebssystem von TURBO-PASCAL eingegangen. Es handelt sich dabei um den Umgang mit dem Mikrocomputer, wie er gestartet wird und welche Befehle notwendig sind, ein PASCAL-Programm zu erstellen. Nach welchen Regeln ein derartiges Programm aufgebaut wird, ist Gegenstand von Teil III. Die technische Konfiguration eines Mikrocomputers wurde in Teil I, §1 dargestellt. Der an TURBO-PASCAL interessierte Leser sei darauf verwiesen.

Das TURBO-PASCAL besitzt kein eigenständiges Betriebssystem, sondern ist in eines der bekannten Mikrocomputerbetriebssysteme CP/M und MS-DOS eingebettet. Daher sind die Mehrzahl der Systembefehle keine eigentlichen Befehle von TURBO-PASCAL, sondern Befehle des zugrunde liegenden Betriebssystems. Hierzu zählen etwa die Befehle um Dateien zu kopieren, zu löschen, umzubenennen und auch auszudrucken. Aus diesem Grunde soll hier auch nicht ausführlich auf das Betriebssystem von TURBO-PASCAL eingegangen werden. Dafür kann der Leser die Literatur über die Betriebssysteme CP/M und MS-DOS zu Rate ziehen (Pol, 1982, Zaks, 1981, Maaß, 1984). Die eigentlichen Systembefehle von TURBO-PASCAL beziehen sich im wesentlichen auf das Erstellen eines Programmtextes, d.h. auf den Editor, und auf das Compilieren eines derartigen Textes. Hierauf wird im folgenden eingegangen.

§1 Start des Systems und das Hauptmenue

Das TURBO-PASCAL wird gestartet, indem zunächst die Systemebene des zugrunde liegenden Betriebssystems angesteuert wird. Dieses erkennt der Benutzer an dem Zeichen A> auf dem Bildschirm, wo der Leuchtzeiger, oder auch Cursor genannt, verharrt. Das A symbolisiert die Laufwerksbezeichnung des Hauptlaufwerkes des Mikrocomputers. Das zweite Laufwerk trägt die Bezeichnung B. Von der Systemebene ausgehend wird das Hauptmenue von TURBO-PASCAL angesteuert, indem der Befehl TURBO eingetippt wird und mit der RETURN-Taste, bei manchen Konsolen auch mit der ENTER-Taste, abgeschlossen wird. Nun wird die TURBO-PASCAL-Software in den

Hauptspeicher geladen, und es erscheint auf dem Bildschirm die Anfrage: include error messages? Diese Anfrage wird mit y beantwortet (y = yes). Darauf erscheint folgendes Hauptmenue auf dem Bildschirm:

```
Logged drive: A

Work file:
Main file:

Edit       Compile  Run  Save
eXecute    Dir      Quit compiler Options

Text:        0 bytes (764F-764F)
Free:  20917 bytes (7650-C805)
```

Die erste Zeile Logged drive: A des Hauptmenues von TURBO-PASCAL enthält die Laufwerksbezeichnung des eingeschalteten Laufwerks. Unter den beiden Zeilen Work file: und Main file: erscheinen die wichtigsten Befehle des Hauptmenues: mit Edit wird ein Programmtext editiert, mit Compile ein Programmtext compiliert.mit Run ein compilierter Programmtext abgelaufen, mit Save ein Programmtext auf der Diskette gesichert, mit eXecute ein TURBO-PASCAL-Programm, das auf der Diskette sich befindet, gestartet, mit Dir wird das Inhaltsverzeichnis (das Directory) einer Diskette auf den Bildschirm projiziert, mit Quit verläßt man das Hauptmenue von TURBO-PASCAL und gelangt wieder zur Systemebene des Betriebssystems, und mit compiler Options werden verschiedene Zustände des Compilers gesteuert. Diese hier genannten Befehle werden mit den jeweils als Großbuchstaben in den Befehlen dargestellten Buchstaben ausgelöst, also z.B. der Directory-Befehl durch Betätigen der Taste D. Diese Befehle werden nun im einzelnen erläutert.

§2 Text- und Code-Dateien

Die Grundstruktur der Sprache PASCAL besteht darin, daß ein PASCAL-Programm in zwei verschiedenen Versionen vorliegt, in der Text-Version, die auch als Quelltext, Text-Datei oder Text-File bezeichnet wird, und in der Code-Version, die auch Code-Datei oder Code-File genannt wird. Ein Programm in der Text-Version wird vom Programmierer nach den Regeln der PASCAL-Syntax erstellt, wie sie in Teil III des Buches dargestellt sind. Dieses geschieht mit dem Editor von TURBO-PASCAL, der im §5 unten beschrieben und der mit dem Edit-Befehl des Hauptmenues angesteuert wird. Zwar ist die Text-Version eines Programmes vom Programmierer lesbar und deutbar, jedoch kann der Computer den Text nicht ohne weiteres verarbeiten. Um ein auf dem Computer ablauffähiges Programm zu erhalten, muß die Text-Version in die Code-Version umgeformt werden. Dieses geschieht mit dem Compilier-Befehl, d.h. mit dem C-Befehl des Hauptmenues. Beide Versionen, sowohl Text wie auch Code, können als eigenständige Dateien auf der Diskette gespeichert und damit archiviert werden (siehe unten §3).

Ein Verzeichnis aller auf der Diskette gespeicherten Dateien, d.h. ein Verzeichnis der Datei-Namen, kann mit dem D-Befehl des Hauptmenues auf den Bildschirm projiziert werden. Nach dem Auslösen des D-Befehls erscheint auf dem Bildschirm die Anfrage Dir mask:. Hiermit ist die Anfrage gemeint, welches Inhaltsverzeichnis oder auch Directory-Verzeichnis vom Benutzer angefordert wird, entweder das Verzeichnis der Diskette in Laufwerk A: oder in Laufwerk B:. Auf diese Anfrage hat der Benutzer die Laufwerksbezeichnung A: oder B: mit dem abschließenden Betätigen der RETURN-Taste einzugeben. Wie Datei-Namen vergeben werden, ist Gegenstand von §4 unten.

§3 Der Compiliervorgang, die Datensicherung und der Programmstart

Der Compiler vermittelt zwischen der Text- und der Code-Version eines Programms. Beim TURBO-PASCAL werden zunächst sowohl die Text- wie auch die anschließende Code-Version eines Programms im Hauptspeicher der Maschine erzeugt, d.h. Diskettenoperationen sind zunächst nicht erforderlich, um ein Programm zu erstellen. Aus diesem Grunde sind die Vorgänge des Editierens, Compilierens und Fehlerbeseitigens bei TURBO-PASCAL sehr schnell und damit äußerst komfortabel.

Ist ein PASCAL-Programmtext mit dem Editor erstellt, so wird mit dem C-Befehl des Hauptmenues dieser Text in die Maschinensprache übersetzt und als Code-Datei in den Hauptspeicher bereitgestellt.

Die Code-Datei kann als fertiges Programm mit dem R-Befehl dann ablaufen. Beim Compiliervorgang prüft das System den Quelltext auf Fehler in der Formulierung des Textes. Diese Fehler werden als Syntaxfehler bezeichnet. Sobald ein derartiger Fehler entdeckt worden ist, schaltet das System augenblicklich in den Edit-Status, projiziert den Text auf den Bildschirm und positioniert den Cursor an die Fehlerstelle. Zugleich wird ein Hinweis auf die Art des Fehlers projiziert.

Arbeitet das Programm zufriedenstellend, d.h. wird beim Compiliervorgang kein Fehler festgestellt, so kann dessen Text auf der Diskette archiviert und so dauerhaft verwendet werden. Dieses Archivieren geht mit dem S-Befehl des Hauptmenues vonstatten. Auch vor dem Abschalten des Computers ist auf diese Weise die Text-Version eines Programmes auf der Diskette zu sichern, da bei dem Abschalten der Inhalt des Hauptspeichers verlorengeht. Die Code-Version des Programmes wird auf der Diskette gesichert, indem im Hauptmenue zunächst der O-Befehl gegeben wird, welcher die verschiedenen Compilierarten zusammenfaßt. Es erscheint dann auf dem Bildschirm das Compiliermenue mit den drei Alternativen Memory, Com-File und Chain-File. Dort wird der C-Befehl gegeben, d.h. der Compiliervorgang soll auf der Diskette eine COM-Datei anlegen (C = COM = Befehlsdatei) und so dauerhaft sichern. Dann wird das Compiler-Menue mit dem Q-Befehl verlassen und im Hauptmenue mit dem C-Befehl der Compiliervorgang gestartet. Die Code-Datei wird nun auf der Diskette unter dem gleichen Namen wie der im Hauptmenue unter dem Eintrag Work File: erscheinende Namen der Text-Datei abgelegt, wobei der Name der Code-Datei die Schlußkennung .COM erhält (COM = Command).

Eine auf diese Weise gesicherte Code-Datei kann jederzeit mit dem X-Befehl des Hauptmenues unter Angabe des Datei-Namens aufgerufen werden, d.h. das in der Code-Datei gespeicherte Programm kann auf diese Weise auf dem Computer ablaufen. Im Hauptmenue ist in der Zeile Logged drive: ein Laufwerk angemeldet. Soll eine Code-Datei mit dem X-Befehl gestartet werden, das sich auf der Diskette in dem nicht angemeldeten Laufwerk befindet, so ist beim Aufruf der Code-Datei die Laufwerksbezeichnung dem Datei-Namen voranzustellen. Die Abbildung 10 stellt noch einmal die Beziehungen zwischen den beiden Speichermedien,d.h. dem Hauptspeicher und der Diskette, den beiden Programmversionen und den zugehörigen Befehlen schematisch zusammen.

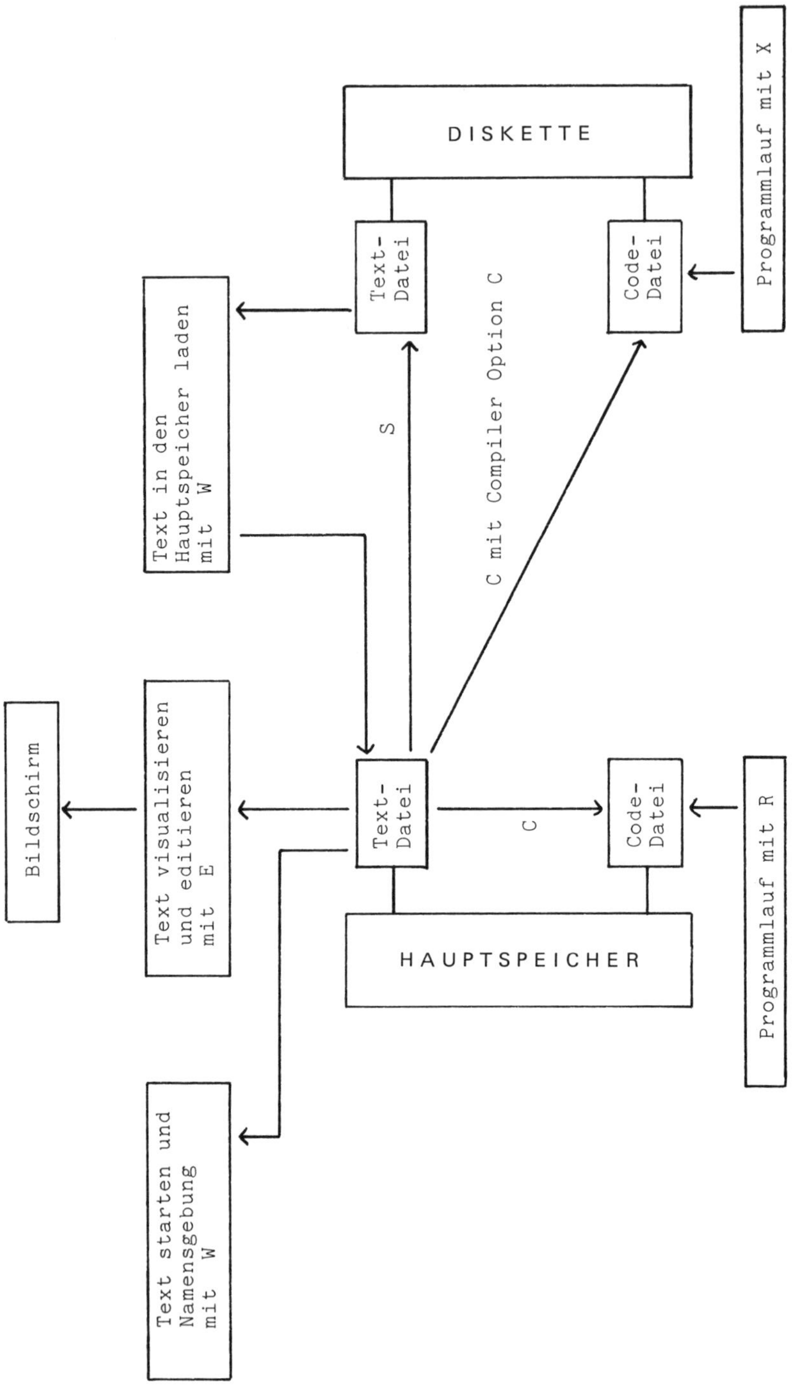

Abb. 10: Die Dateiformen, Speichermedien und Systembefehle von TURBO-PASCAL

§4 Einleitung der Programmerstellung und Datei-Namen

Der ganze Prozeß der Programmerstellung wird eingeleitet, indem im Hauptmenue der Befehl W gegeben wird. Hierauf erscheint auf dem Bildschirm die Anfrage workfile name: , und der Benutzer hat den Namen der Text-Datei einzutippen, mit der er arbeiten will. Bei dieser Text-Datei kann es sich um eine Datei handeln, die bereits auf einer Diskette gesichert ist und die der Benutzer sich auf dem Bildschirm anschauen oder verändern will, oder es handelt sich um eine neu einzurichtende Text-Datei. In diesem Falle muß der Benutzer sich zunächst für einen Namen dieser Datei entscheiden. Wird eine Datei beim W-Befehl aufgerufen, die sich auf dem anderen als dem "angemeldeten" Laufwerk befindet (Zeile Logged drive: im Hauptmenue), so ist deren Namen die Laufwerksbezeichnung A: oder B: voranzustellen.

In TURBO-PASCAL darf ein Datei-Name nicht mehr als acht Zeichen, d.h. entweder Buchstaben oder Zahlen, enthalten, jedoch muß er mindestens ein Zeichen besitzen. Er soll mit einem Buchstaben beginnen und darf kein Leerzeichen enthalten. Um die verschiedenen Datei-Namen besser auseinander halten zu können, kann der Benutzer an den Datei-Namen eine ein- bis dreistellige Kennung aus Buchstaben oder Zahlen anhängen, die vom eigentlichen Namen durch einen Punkt getrennt wird. Diese Kennung kann der Benutzer frei vergeben, z.B. alle Buchhaltungsprogramme erhalten die Kennung BCH, alle Lagerhaltungsprogramme die Kennung LAG usw.. Die Kennungen BAK, CHN, COM und CMD sind in TURBO-PASCAL für andere Zwecke reserviert und sollten daher vom Benutzer nicht verwendet werden. Vergibt der Benutzer keine Kennung für einen Datei-Namen, so hängt das System die Kennung .PAS automatisch an (PAS = PASCAL). Die Beschränkung von Datei-Namen auf acht Buchstaben wirft einige Probleme auf, die in Teil I, § 7 behandelt werden.

Dort wird auch auf Fragen des Disketten-Managements, wie etwa auf die Initialisierung, eingegangen.

Nachdem der Benutzer auf die Anfrage workfile name: den Namen eingetippt hat, ist diese Mitteilung mit der RETURN-Taste abzuschließen. Damit ist der W-Befehl ausgeführt, und im Hauptmenue wird in der Zeile Work file: der Datei-Name angezeigt. Als Effekt ergibt sich, daß nun die Text-Datei mit dem angegebenen

Namen, sofern sie sich auf der Diskette befindet, in den Hauptspeicher geladen wird, oder, sofern keine Text-Datei dieses Namens auf der Diskette aufgefunden worden ist, ein neue Text-Datei dieses Namens im Hauptspeicher angelegt wird. Die eigentliche Bearbeitung der Text-Datei geschieht im Edit-Status, der mit dem E-Befehl des Hauptmenues angesteuert und nun beschrieben wird.

§5 Der Editor von TURBO-PASCAL

Im Edit-Status kann der Benutzer den Text eines PASCAL-Programmes erzeugen, indem er diesen Text auf den Bildschirm schreibt. Dabei fungiert die Tastatur zunächst wie eine normale Schreibmaschine; es kann ein Text in der normalen Zeilengliederung eingegeben werden. Komplizierter wird es dann, wenn der Text an verschiedenen Stellen geändert werden soll, etwa Schreibfehler ausgebessert oder Worte oder gar ganze Zeilen eingefügt oder gelöscht werden sollen. Hierzu stellt der Editor verschiedene Befehle zusammen. Diese Befehle lassen sich in die Bereiche Cursorbewegung, Einfügen und Löschen, Blockkommandos und restliche Kommandos gliedern und sind im Manual auf den Seiten 19ff dargestellt.

Mit den Cursorbewegungs-Kommandos können im Text diejenigen Stellen aufgesucht werden, an denen Veränderungen vorgenommen werden sollen. Mit den Einfüge- und Löschoperationen können im Text einzelne Zeichen, Wörter oder Zeilen eingefügt bzw. gelöscht werden. Insgesamt erhält der Editor 38 Befehle, eine Anzahl, die den Anfänger zweifellos überfordert. Deswegen wird empfohlen, sich am Anfang nur auf die wichtigsten Befehle der Cursorbewegung, des Einfügens und Löschens und des Beendens des Edit-Status zu beschränken. Nach der Zählung im TURBO-Manual (S.11f) sind dies die Befehle Nr. 1, 3, 6, 7, 15, 20, 21 und 31. Damit können in zufriedenstellender Weise Programmtexte vollständig erstellt werden. Erst dann, wenn der Benutzer sich mit dem Editor vertraut gemacht hat, sollte er weitergehende Befehle, wie die Blockkommandos oder die Finde- und Ersetze-Kommandos, benutzen.

Die Editor-Befehle des TURBO-PASCAL lehnen sich an die Befehle des bekannten Textverarbeitungsprogramms WORDSTAR an. Sie bestehen aus Kombinationen der Control-Taste und der Zeichentasten, d.h. die jeweilige Zeichentaste ist zu drücken, während die Control-Taste gedrückt wird. Diese Kombinationen sind ein wenig umständlich und zunächst wenig einprägsam. Es wird daher empfohlen, die wichtigsten, immer wiederkehrenden Befehle auf eventuell vorhandene Funktionstasten der Konsole zu legen.

Dieses ist mit der TURBO-PASCAL-Software in einfacher Weise möglich, indem das sogenannte Installationsprogramm von TURBO-PASCAL gestartet wird. Es hat den Namen TINST. Sobald dieses Programm, ausgehend vom Hauptmenu, mit dem X-Befehl gestartet wird, erscheint ein Menue, mit dem der Bildschirm und die Editor-Kommandos installiert werden können. Dort wird der C-Befehl gewählt. Danach hat der Benutzer die Möglichkeit, die 38 Befehle des Editors auf spezielle Funktionstasten seiner Tastatur zu legen. Es erscheinen nacheinander die 38 Befehle, die auf Seite 11f des TURBO-Manuals dargestellt sind. Jeden einzelnen der dort nacheinander erscheinenden Befehle kann er neuen Tasten oder gar Tastenkombinationen zuweisen, indem er die gewünschten Tasten nacheinander betätigt und die RETURN-Taste als abschließende Zuweisung auslöst. Wird nur die RETURN-Taste betätigt, so wird die alte Befehlsfolge beibehalten.

Jede Funktionstaste kann dreifach belegt werden: 1. die Funktionstaste selber, 2. die Funktionstaste parallel betätigt mit der Shift-Taste, 3. die Funktionstaste parallel betätigt mit der Control-Taste. Häufig benutzte Befehle sollten auf die Funktionstasten selber gelegt werden, ohne daß man Shift oder Control mitbetätigen muß. Die Befehle, den Cursor in eine der vier Himmelsrichtungen zu bewegen, nach der Numerierung des Manuals (S.11f) die Befehle 1, 3, 6 und 7, sollten auf die Befehlstasten für die Cursorsteuerung gelegt werden, welche die entsprechenden Pfeile tragen.

Der Edit-Status wird verlassen und zugleich das Hauptmenue von TURBO-PASCAL angesteuert, indem die Befehle Control-K und Control-D nacheinander ausgeführt werden, d.h. die Taste K wird betätigt, während die Taste Control niedergehalten wird, und der gleiche Vorgang mit der Taste D wiederholt. Man sieht, dieser Abschluß des Editiervorgangs ist vergleichsweise umständlich, sodaß auch für diesen, häufig benutzten, Befehl eine Funktionstaste reserviert werden sollte.

In §4 von Teil I findet der Leser eine ausführliche Darstellung prinzipieller Editiervorgänge.

§6 Die Steuerung des Druckers auf der Systemebene

Um sich ein Inhaltsverzeichnis aller auf einer Diskette vereinigten Dateien ausdrucken zu lassen, was für langfristig angelegte Dokumentationszwecke bedeutsam ist, stellt das TURBO-PASCAL keine eigenen Befehle zur Verfügung. Deshalb sind hierzu die Befehle des zugrunde liegenden Betriebssystems heranzuziehen. Auf der Systemebene wird der Befehl Control-P gegeben, der die Hardcopy-Funktion aktiviert, dann der Befehl DIR bzw. B:DIR, der das Directory auf den Bildschirm und Drucker zugleich ausgibt, und mit einem erneuten Befehl Control-P wird die Hardcopy-Funktion wieder abgeschaltet.

Den Ausdruck einer Text-Datei einer Diskette kann man mit dem TURBO-Programm TLIST in einfacher Weise bewerkstelligen: Im Hauptmenue startet man mit X den Execute-Befehl und gibt dann TLIST ein. Darauf wird der Benutzer gefragt, welche Datei er ausdrucken möchte. Nachdem der Datei-Name eingegeben worden ist, erscheint der Datei-Inhalt auf dem Drucker mit einer fortlaufenden Zeilennumerierung versehen. Wie man Ergebnisse von Programmläufen auf den Drucker ausgibt, ist Gegenstand von Teil III.

Teil III
Das Programmieren mit UCSD- und TURBO-PASCAL

Kapitel 1 Einfache Programme mit linearem Ablauf

In diesem Kapitel sollen Angaben zum Aufbau von Programmen gemacht werden. Die dabei vorgestellten Progamme sind kurz und laufen "linear" ab. d.h. ohne Verzweigungen und Schleifen. In ihnen werden einfache arithmetische Operationen und Zeichenketten verwendet. Die verschiedenen Variablentypen und deren Anwendung werden besprochen. Probleme der Ein- und Ausgabe von Daten auf der Tastatur, auf den Bildschirm und den Drucker werden behandelt. Es wird dem Leser vorgeführt, in welcher Weise sich die Logik des Programmtextes und des Programmablaufs von den Anforderungen unterscheidet, die der Benutzer an die Handhabung von Programmen stellen könnte. Fragen der Lesbarkeit und Klarheit schließen das Kapitel 1 ab.

Dieses Kapitel ist so konzipiert, daß die systematische Vorgehensweise, die in die PASCAL-Sprache, deren Syntax und in die elementaren Variablentypen einführt, mit einer problemorientierten Einführung verbunden wird. Dies geschieht anhand von Musterprogrammen in den §§4-6. Der Leser kann die ersten drei §§ zunächst überspringen und sie später unter systematischen Gesichtspunkten durcharbeiten, wenn er auf Programmierungsprobleme stößt.

Als Beispielprogramme werden im Teil III des Buches durchgehend Programme dargestellt, die im UCSD-PASCAL geschrieben sind.
Die Syntax-Unterschiede zwischen TURBO-PASCAL und UCSD-PASCAL sind geringfügig und werden im laufenden Text als Abweichungen des TURBO-PASCAL von UCSD-PASCAL dargestellt.

§1 Der Aufbau und die Gliederung eines Programms

Ein Programm kann man sich als eine als Text verfaßte Abfolge von Befehlen vorstellen, die an den Computer gerichtet sind. Diese Befehle werden als ein Text dargestellt, der aus einer Mischung von Symbolen besteht, die aus dem englischen Wortschatz und dem Zeichenvorrat des Alphabets und der Arithmetik entnommen sind, z.B. program, begin, end, +, -, 12, B etc., sowie aus den Interpunktionszeichen der Schriftsprache und vom Benutzer frei wählbaren Namen, z.B. Umsatz, Kosten etc.

Normalerweise treten im Programm die Befehle zeilenweise auf; jede Zeile stellt einen (allerdings komplexen) Befehl für den Computer dar. Ein Programm beginnt mit dem reservierten Wort PROGRAM, dem der Name des Programms folgt. Er wird mit einem Semikolon abgeschlossen. Das Programm endet mit dem reservierten Wort END gefolgt von einem Punkt. Als Beispiel betrachten wir das Programm LERN1 von Teil I dieses Buches:

```
PROGRAM LERN1;
Begin
WRITE('Dieses ist ein UEBUNGSPROGRAMM');
END.
```

(Beachte die vom Deutschen abweichende Schreibweise der Wörter PROGRAM und BEGIN!).

Ein Programm gliedert sich in die beiden Abschnitte Vereinbarungsteil und Anweisungsteil. Im Vereinbarungsteil werden alle frei vereinbarten Namen definiert, die im Anweisungsteil auftreten sollen. Befindet sich etwa im Anweisungsteil die Wertzuweisung

```
A:=7;
```

so ist die Größe A zuvor im Vereinbarungsteil zu vereinbaren als eine Variable bestimmten Typs. Der Anweisungsteil ist von dem Wortpaar Begin-End eingeschlossen und enthält alle Befehle (Anweisungen).

Im Anweisungsteil werden Variable, d.h. genauer: der ihnen jeweils zugewiesene Wert, nach festen Regeln umgeformt und verknüpft. Die Werte für die Variablen werden aus "externen"

Quellen bezogen mit Hilfe der Read-Anweisung (oder verwandten Befehlen), z.B. von der Tastatur durch Eingabe des Benutzers oder von einer Datei auf einer Diskette. Umgekehrt werden die Werte der Variablen von der Maschine an die "Umwelt" abgegeben, etwa auf den Bildschirm projiziert, auf den Drucker ausgegeben oder auf eine Datei geschrieben.

Die Manipulation von Variablen kann man wie folgt zusammenfassen:

- Zuweisung von Werten:

  A:=7; (A erhält den Wert 7)

  A:=B; (A erhält den Wert von B)

- Verknüpfung und Zuweisung von Werten:

  C:=A+7; (C erhält den Wert von A plus 7)
  C:=(A+B)/2; (C erhält den Wert (A+B)/2)

- Eingabe von Werten:

  Read(A); (A erhält über die Tastatur einen Wert zugewiesen)

- Ausgabe von Werten:

  Write(A); (Der Wert von A wird auf den Bildschirm projiziert)

Zur Syntax von PASCAL-Programmen gehören die folgenden Regeln: Jede Vereinbarung (im Vereinbarungsteil) und jede Anweisung (im Anweisungsteil) ist mit einem Semikolon abzuschließen. Üblicherweise wird in jede Zeile nur eine Anweisung geschrieben. Dieses ist nicht zwingend, dient aber der Übersichtlichkeit. Eine Anweisung kann sich auch über mehr als eine Zeile erstrecken. Benötigt eine Anweisung mehr als eine Zeile, so dürfen reservierte Worte (siehe Tabelle 1) und Namen nicht getrennt werden. Leerzeichen dürfen in beliebiger Zahl im Text auftreten. Zwei direkt aufeinanderfolgende Namen und oder reservierte Worte müssen durch mindestens ein Leerzeichen getrennt sein. Ansonsten besteht kein vorgeschriebener Bedarf an Leerzeichen, sodaß der Gebrauch von Leerzeichen nach Regeln der Übersichtlichkeit des Textes erfolgen kann.

§2 Die Regeln für die Namensgebung in Programmen

Die Namen (und die reservierten Worte) dienen dazu, im Ablauf des Programms bestimmte Größen im Computersystem anzusprechen und zu aktivieren. Hierzu zählen Disketten, Programme, Unterprogramme, Ein- und Ausgabe-Einheiten und Variablen. Für die meisten dieser Größen kann der Benutzer einen Namen seiner Wahl festlegen. An dieser Stelle sollen die Regeln für die Namensgebung besprochen werden. Dabei werden die Namen von Größen besprochen, die im Programmablauf von Bedeutung sind, also im wesentlichen Programm-Namen und Variablen-Namen.[1] Die Namensgebung von Größen, die sich auf die Systemebene beziehen, folgt etwas anderen Regeln. Für die Namensgebung von

- Disketten (Volume-Identifier) und Dateien auf Disketten siehe oben Teile I und II.

Einen Namen für ein Programm oder eine Variable kann der Programmierer frei wählen. Wie ein derartiger Name aufgebaut sein muß, soll nun besprochen werden. Ein Name besteht aus den Zeichen des Alphabets und den Ziffern 0...9. Er muß mindestens ein Zeichen und darf in UCSD-PASCAL höchstens acht Zeichen lang sein; längere Namen sind möglich, aber überschießende Zeichen werden ignoriert. Im TURBO-PASCAL darf ein Name bis zu 127 Zeichen lang sein. Klein- und Großbuchstaben werden als gleich angesehen. Ein Name muß mit einem Buchstaben beginnen. Der Unterstreichungsstrich _ kann neben Buchstaben und Ziffern als weiteres Zeichen im Namen auftreten. Er dient im UCSD-PASCAL allerdings nur der optischen Präsentation des Namens im Programmtext, wird aber ansonsten vom System ignoriert. Im TURBO-PASCAL ist der Unterstreichungsstrich ein normales Zeichen. Danach betrachtet das System folgende Namen als zulässig und - bei USCD-PASCAL - sogar als gleich:

EINKAUF1, Einkauf1, einkauf1, einkauf_1, Einkauf_1, Einkauf1_

1) In der englischsprachigen Literatur werden Namen als identifier bezeichnet.

Dagegen sind folgende Namen unzulässig:

-Einkauf	(führender Strich)
Ein.kauf	(enthält Punkt)
Ein kauf	(enthält Leerzeichen)
1Einkauf	(beginnt mit Ziffer).

Die PASCAL-Sprache enthält eine ganze Reihe von reservierten Worten und reservierten Namen, die syntaktische Konstrukte und im System implementierte Hilfsfunktionen repräsentieren. Diese reservierten Worte und Namen sind in den Tabellen 1 und 2 dokumentiert. Wenn der Benutzer einen frei wählbaren Namen vergibt - etwa für ein Programm oder eine Variable - so hat er darauf zu achten, keine reservierten Worte oder Namen zu verwenden. Insbesondere dürfen die Namen IN, etwa für Eingabevorgänge, und DO, etwa in einem Kalenderprogramm für Donnerstag, vom Benutzer nicht verwendet werden (vergl. den Fehler bei Wilson und Addyman, 1981,S.72. Gefahr auch bei Cin und Dilger, 1981,S.31).

Tabelle 1

Reservierte Worte in UCSD-PASCAL und TURBO-PASCAL

a) Gemeinsame reservierte Worte

and	external	not	to
array	file	of	type
begin	for	or	until
case	forward	packed	var
const	function	procedure	while
div	goto	program	with
do	if	record	
downto	in	repeat	
else	label	set	
end	mod	then	

b) Reservierte Worte in UCSD-PASCAL

implementation
interface
process
segment
separate
unit
uses

c) Reservierte Worte in TURBO-PASCAL

absolute
inline
nil
shl
shr
string
xor

Tabelle 2

Reservierte Namen in UCSD-PASCAL und TURBO-PASCAL

a) Gemeinsame reservierte Namen

arctan	eof	length	pred	sizeof
blockread	eoln	ln	read	sqr
blockwrite	exp	mark	readln	sqrt
boolean	false	maxint	real	str
char	fillchar	memavail	release	succ
chr	gotoxy	new	reset	text
close	input	odd	rewrite	true
concat	insert	ord	round	trunc
copy	integer	output	seek	write
cos	ioresult	pos	sin	writeln
delete				

b) Reservierte Namen in UCSD-PASCAL

abs	log	pwroften	unitclear
atan	memlock	scan	unitread
attach	memswap	semaphore	unitstatus
dispose	moveleft	seminit	unitwait
exit	moveright	signal	unitwrite
get	nil	start	varavail
halt	page	string	vardispose
idsearch	pmachine	time	varnew
interactive	processid	treesearch	wait
keyboard	put	unitbusy	

c) Reservierte Namen in TURBO-PASCAL

Assign	ConInPtr	FileSize	KeyPressed	Ptr
Aux	ConOutPtr	Flush	Lo	Random
AuxInPtr	ConstPtr	Frac	Lst	Randomize
AuxOutPtr	CrtExit	GetMem	LstOutPtr	Rename
BufLen	CrtInit	HeapPtr	Mem	Swap
Byte	DelLine	Hi	MemAvail	Trm
Chain	Delay	HighVideo	Move	UpCase
ClrEOL	Erase	InsLine	NormVideo	UsrInPtr
ClrScr	Execute	Int	Pi	UsrOutPtr
Con	FilePos	Kbd	Port	Val

(Quelle:Clark u. Koehler 1982,p.24s und TURBO-Manual 1983,p.35s)

§3 Die elementaren Variablen-Typen und zugeordnete Operationen

Aus der Tradition einer Großrechnersprache herrührend werden in PASCAL Typen von Variablen unterschieden, um damit eine differenzierte Speicherplatzreservierung zu ermöglichen, den Bedarf an Speicherplätzen zu optimieren und den Ablauf des Programms zu beschleunigen. Obgleich von der technischen Lösung her betrachtet und im Hinblick auf den Benutzerkomfort eines Mikrocomputers es möglich und wünschenswert wäre, daß das System die angeforderten Variablentypen selber automatisch erkennt und zuweist - wie es bei den interaktiven Sprachen Basic und APL geschieht - müssen wir das klassische Konzept, Variablentypen vorab im Deklarationsteil zuzuweisen, als Preis dafür anerkennen, daß das Mikrocomputer-PASCAL dem Standard-PASCAL soweit wie möglich folgt. Der Wert von Variablendeklarationen ist auf dem elementaren Niveau dieses Buches auch kaum zu vermitteln und spielt eher bei avancierten PASCAL-Anwendungen mit benutzerdefinierten Variablentypen eine Rolle.

Das UCSD-PASCAL und TURBO-PASCAL unterscheiden eine große Zahl verschiedener Typen von Variablen. An dieser Stelle sollen die einfachen und gebräuchlichen vorgestellt werden (sogenannte elementare Typen). Diese Typen sind vom System vorab definiert. Im Vereinbarungsteil (Deklarationsteil) des Programms ordnen wir den einzelnen Variablennamen je einem Typ zu.

1. Der Typ INTEGER.

Mit diesem Typ werden Variable bezeichnet, die ganzzahlig sind. 312, 57, -22 sind ganze Zahlen. Die Zuweisungen von ganzzahligen Werten zu Variablen darf nicht mit dem Dezimalpunkt oder Komma erfolgen, wie etwa:

```
A:=312,0;     B:=57.00;     C:=-22,-;
```

Vielmehr sind folgende Zuweisungen korrekt:

```
A:=312;     B:=57;     C:=-22;
```

Die ganzen Zahlen dürfen den Bereich -32767 ...+32767 nicht überschreiten. Die Arithmetik arbeitet nur in diesem Bereich korrekt. Bei Bereichsüberschreitungen wird der überschießende Teil von 32767 berechnet und das Ergebnis mit minus eins multipliziert. Mit UCSD-PASCAL ist es möglich, mit Zahlen zu rechnen, die den Bereich überschreiten. Dann ist die Variablendeklaration Long Integer erforderlich (vgl. Clark u. Koehler, 1982, p. 51).

Operationen mit einer INTEGER-Zahl [1] I:

-I	Vorzeichenwechsel,
sqr(I)	Quadrat von I,
sqrt(I)	Wurzel von I, das Ergebnis ist eine REAL-Zahl,
abs(I)	Absolutbetrag von I,
str(I,S)	Prozedur, welche die Zahl I in einen STRING S konvertiert, also z.B. 123 in '123' (zum Typ STRING siehe unten unter 4.),
pwroften(I)	gibt als Ergebnis die REAL-Zahl 10 hoch I . (nur bei UCSD-PASCAL implementiert)

Operationen mit zwei INTEGER-Zahlen I, J:

I + J	Summe von I und J,
I - J	Differenz von I und J,
I * J	Produkt von I und J,
I div J	Ganzzahliger Anteil von (I dividiert durch J),
I mod J	Ganzzahliger Teilungsrest von (I dividiert durch J).

----

1) Als INTEGER-Zahl wird eine INTEGER-Variable oder ein expliziter INTEGER-Wert verstanden.

2. Der Typ REAL[1]

Dieser Typ bezeichnet Variable, deren Werte Dezimalzahlen sind. In PASCAL sind Dezimalzahlen stets mit einem Punkt zu schreiben, der rechts und links mindestens von einer Ziffer eingeschlossen wird, also

5.37 1.0 0.35

nicht aber als

5,37 1. -,35

Diese Darstellungen sind unzulässig.
Die Gleitkommadarstellung, wie z.B. 12.85E7, ist ebenfalls möglich.

Operationen mit einer REAL-Zahl[2] R:

-, sqr(R), sqrt(R), abs(R): wie beim Typ INTEGER.

Die trigonometrischen Funktionen sin(R), cos(R), arctan(R), Die Exponentialfunktion exp(R) und der Logarithmus ln(R),

trunc(R) der ganzzahlige Anteil von R. Der Wert der Funktion trunc ist vom Typ INTEGER,

round(R) rundet die Dezimalzahl R zur nächstliegenden ganzen Zahl. Das Ergebnis ist vom Typ INTEGER.

Operationen mit zwei REAL-Zahlen Q,R:

+ , - , * wie beim Typ INTEGER.

Q/R Die Zahl Q dividiert durch die Zahl R.

Typenkonversion: Den Variablen vom Typ REAL dürfen INTEGER-Werte zugewiesen werden.

----

1) Um REAL-Variable zu verarbeiten, muß das UCSD-System eventuell neu eingestellt werden. Siehe Anhang 2.

2) Als REAL-Zahl wird eine REAL-Variable oder ein expliziter REAL-Wert verstanden.

3. Der Typ CHAR

CHAR ist eine Abkürzung von character (=Zeichen). Variable dieses Typs tragen als Wert eines der Zeichen, die auf dem Bildschirm darstellbar sind, insbesondere die Klein- und Großbuchstaben des Alphabets, die Ziffern 0...9, und die Interpunktionszeichen. Werden im Programm Zeichen den Variablen vom Typ CHAR explizit zugewiesen, so ist das einzelne Zeichen in Hochkommas einzuschließen, z.B.

```
BEISPIEL:= 'T';
```

Die CHAR-Variable BEISPIEL trägt nun als Wert das Zeichen T , das streng genommen als das Zeichen 'T' bezeichnet wird, also in Hochkomma eingeschlossen. Insbesondere wird das Leerzeichen durch LEER:= ' ' repräsentiert und bei der Dateneingabe durch die Leertaste auf der Tastatur erzeugt.

Bei Variablen vom Typ CHAR sind Ziffern als Zeichen streng zu unterscheiden von INTEGER-Zahlen. Ein Beispiel für die beiden Fälle:

```
BEISPIEL1:= '6';
BEISPIEL2:= 6;
```

Der Variablen BEISPIEL1 wurde 6 als Zeichen, der Variablen BEISPIEL2 aber als Zahl zugewiesen. BEISPIEL2 muß dann vom Typ INTEGER oder REAL sein. Bei der Ausgabe der Werte der CHAR-Variablen auf Bildschirm oder Drucker werden die einschließenden Hochkommas nicht mit ausgegeben, sondern bloß das eigentliche Zeichen. Die beiden Ausgabeanweisungen

```
WRITE(BEISPIEL1);
WRITE(BEISPIEL2);
```

projizieren also beide das Zeichen 6 auf den Bildschirm. Daher kann der Benutzer auf diese Weise nicht unterscheiden, ob bei der Ausgabeanweisung eine CHAR-oder eine INTEGER-Variable ausgegeben wurde. Von Bedeutung ist noch, daß Klein- und Großbuchstaben als verschiedene Zeichen interpretiert werden. Also ist 'A' ein anderes Zeichen als 'a'.

Operationen mit CHAR-Variablen:
Außer der Wertzuweisung, wie C:='x'; oder B:=C; , sind keine Operationen vorgesehen.

4. Der Typ STRING

Was Zeichen sind, wurde vorhergehend dargestellt. Eine Aneinanderreihung von Zeichen (eine "Zeichenkette") stellt einen Wert einer STRING-Variablen dar, z.B. trägt nach der Zuweisung

```
REIHE:= 'Dieses ist eine Zeichenkette';
```

die STRING-Variable REIHE den Text

Dieses ist eine Zeichenkette

Die Zeichenkette ist bei der Zuweisung in Hochkommas (als Begrenzer) einzuschließen, die bei der Ausgabe mit der WRITE-Anweisung nicht auf den Bildschirm projiziert werden. Die Zuweisung S:='' stellt den Grenzfall eines leeren Strings dar.

Im Programmablauf dienen STRING-Variable häufig dazu, die Ausgabe von Daten und den jeweiligen Zustand des Programms zu dokumentieren, indem Texte als STRING-Variable auf den Bildschirm projiziert werden. Mit Hilfe von STRING-Variablen können auch Rechenvorschriften, wie

```
REGEL:= 'Ergebnis = (I + J) mod 15';
```

als Text archiviert und dokumentiert werden. Eine STRING-Variable kann in UCSD-PASCAL maximal 80 Zeichen und in TURBO-PASCAL maximal 255 Zeichen lang sein [1]. Die Zahl 80 entspricht der Zeilenbreite des Bildschirms und wird daher als Standard empfohlen. Dann können mit 24 STRING-Variablen alle Zeilen des Bildschirms abgedeckt, d.h. die optische Präsentation der Ausgabe organisiert werden. Dieses ist ein weiterer Grund für die hohe Bedeutung von STRING-Variablen,

----
1) Mit einer besonderen Typendeklaration läßt sich in UCSD-PASCAL die Länge auf 255 Zeichen ausdehnen (vergl. Clark u. Koehler, 1982, p. 72).

die eine Besonderheit von UCSD-PASCAL und TURBO-PASCAL darstellen; das Standard-PASCAL kennt sie nicht. Beim TURBO-PASCAL wird empfohlen, den Typ string im Vereinbarungsteil standardmäßig als string[80] zu vereinbaren. Die Beschränkung auf 80 Zeichen hat den Vorteil, daß keine bei TURBO-PASCAL möglichen Konflikte mit der Länge auftreten können.

Operationen mit STRINGs:

Seien S1, S2, und T drei STRING-Variable, I eine INTEGER-Variable und C eine CHAR-Variable. Mit der Funktion length kann man die "Länge" eines STRINGs feststellen, d.h. die Anzahl von seinen Zeichen. Die Funktion length besitzt als INTEGER-Wert die Länge des STRINGs. Die Länge eines leeren Strings ist 0. Die oben definierte STRING-Variable REIHE besitzt z. B. 28 Zeichen (einschließlich Leerzeichen). Die Zuweisung

```
I:= length(REIHE);
```

gibt dann der INTEGER-Variablen I den Wert 28.

```
I:= length(REGEL); ist eine Zuweisung von 25 an I.
```

Mit der Funktion concat kann man STRINGs aneinander ketten und zu einem einzigen STRING vereinigen. Beispiel:

```
S1:= 'Dieses ist '; S2:= 'ein langer string';

T:= concat(S1,S2);
```

Die Variable T hat nun den Wert

```
'Dieses ist ein langer string'
```

Mit concat kann man beliebig viele STRINGs vereinigen:
T:= concat(S1, S2, S3...,SN); , vorausgesetzt, das Ergebnis besitzt nicht mehr als 80 Zeichen [1].

---

1) In Kapitel 2,§3 werden weitere STRING-Funktionen und -Prozeduren vorgeführt.

Einen STRING kann man als eine Reihung von Zeichen auffassen, in der die Zeichen Positionsnummern tragen. Beispiel:

```
S1:= 'Dieses ist ';
      12345678901        ( <-- Positionsnummern )
```

Im STRING S1 nimmt das Zeichen 'D' die Stelle 1, das Zeichen 'i' die Stelle 2, das Zeichen 'e' die Stelle 3 usw. ein. Leerzeichen treten an den Stellen 7 und 11 auf. Offenbar treten im STRING S1 Zeichen an der Position I auf für 1<=I<=length(S1). Diese Zeichen lassen sich mit einer Index-Operation abfragen, wobei das Ergebnis vom Typ CHAR ist. Diese Typenkonversion ist nur bei UCSD-PASCAL zu beachten. Die Indexoperation geht so vor sich, daß die Index-Nummer in eckigen Klammern an den STRING angehängt wird. Beispiel:

```
C:= S1[7];          C trägt das Leerzeichen ' '.

C:= REGEL[10];      C trägt das Zeichen '='.

C:= REIHE[28];      C trägt das Zeichen 'e'.
```

Allgemein:

```
C:= string[I];
```

Wenn wir den Grenzfall einer STRING-Variablen der Länge 1 betrachten, etwa

```
S:= 'Z';
```

so ist diese Variable in UCSD-PASCAL streng zu unterscheiden von einer CHAR-Variablen, auch dann, wenn beide den gleichen Wert tragen, wie etwa die CHAR-Variable

```
C:= 'Z';
```

Nicht nur möglicherweise durch den Wert, sondern primär durch ihre Typendeklaration unterscheiden sich beide Variablen. Daher sind Wertübertragungen von CHAR- auf STRING-Variable oder umgekehrt nicht ohne weiteres möglich, sondern nur über den Umweg einer Indexoperation. Besitzt etwa die CHAR-Variable D den Wert 'X', so ist keine direkte Zuweisung wie S:=D möglich. Um den

Wert von D auf S zu übertragen, muß die Indexoperation vorgenommen werden:

```
S[1]:=D;
```

Dann besitzt der STRING S den Wert 'X'. Umgekehrt läßt sich ebenfalls der Wert des STRINGs S:= 'Z'; auf die CHAR-Variable D übertragen, ebenfalls mit der Indexoperation:

```
D:= S[1];
```

Nun trägt D den Wert 'Z'. Das TURBO-PASCAL ist beim Unterschied von einstelligen STRING-Variablen und CHAR-Variablen liberaler; es identifiziert beide Variablen. Die Technik der Wertübertragung von CHAR zu STRING läßt sich verallgemeinern:

Mit Hilfe der Indexoperation und einer CHAR-Zuweisung kann der Wert einer STRING-Variablen gezielt verändert werden. Betrachten wir noch einmal die STRING-Variable

```
REIHE:= 'Dieses ist eine Zeichenkette';
```

so besitzt nach der Zuweisung des Leerzeichens auf den 17.Platz,

```
REIHE[17] := ' ';
```

die Variable REIHE den Wert 'Dieses ist eine eichenkette'.

Wertzuweisungen einer CHAR-Variablen C auf Positionen einer STRING-Variablen S mit der Indexoperation, d.h.

```
S[I] := C;
```

sind nur für Indexplätze I möglich, welche der "Ausdehnung" des STRINGs entsprechen, also für 1<=I<=length(S).

§4 Programme mit der WRITE-Anweisung Die Bildschirmausgabe

Bei dem Entwurf eines Computerprogramms sind stets zwei - eigentlich ganz verschiedene - Gesichtspunkte zu verfolgen. Einmal die Aspekte des Berechnens, also der eigentlichen algorithmischen Leistungen der EDV, z. B. die Summe zweier Variablen C:= A+B. Diese Berechnungsleistung für sich allein genommen bleibt aber solange ohne Sinn, wie sie nicht der "Umwelt" des Computers, d.h. dem Benutzer, mitgeteilt werden kann. Dieser Kommunikationsaspekt ist der zweite der angesprochenen Gesichtspunkte. Die Kommunikationsleistungen von Maschine zum Benutzer wird von der WRITE-Anweisung übernommen. Die Anweisung

```
WRITE(A);
```

projiziert den Wert der Variablen A auf den Bildschirm, sei es eine Variable vom Typ integer, real, char oder string.

Betrachten wir die beiden Programme LERN2 und LERN3. Das Programm LERN2 beginnt in der 1. Zeile mit dem reservierten Wort Program gefolgt vom Programmnamen LERN2. In Zeile 2 und 9 finden wir das Paar "Begin-End", welches den Anweisungsteil (das Hauptprogramm) einschließt. Da keine Variablen vereinbart werden, besteht der Deklarationsteil des Programms lediglich aus der Zeile 1.

Hier wie im folgenden sind die Programmausdrucke so gestaltet, daß die Zeilen-Nummern, gefolgt von einem Doppelpunkt, zusammen mit den eigentlichen Programmzeilen ausgedruckt werden. Die Zeilennummern und der Doppelpunkt sind kein Bestandteil des Programms, sondern Bestandteil der Präsentation des Druckbildes.

```
1: PROGRAM lern2;
2: BEGIN
3: write('uebungs-');
4: write('programm');
5: write('dieses');
6: write('ist eine erste demonstration');
7: write('des write-befehls und der');
8: write('ausgabe am bildschirm.');
9: END.
```

Listing des Programms LERN2

```
 1: PROGRAM lern3;
 2: BEGIN
 3: write('uebungs-');
 4: write('programm ');
 5: write('dieses ');
 6: write('ist eine verbesserte demonstration ');
 7: write('der ');
 8: write('ausgabe am Bildschirm. ');
 9: write('Bei dieser Verbesserung wurde die ');
10: write('GROSS- und klein-Schreibung beruecksichtigt ');
11: write('und zwischen den Woertern wurden ');
12: write('Zwischenraeume eingerueckt.')
13: END.
```

Listing des Programms LERN3

Diese Art des Programmausdrucks erhöht die Lesbarkeit und Kommunizierbarkeit des Programms erheblich und macht auf diese Weise das Mikrocomputersystem benutzerfreundlicher. Eine derartige Präsentation des Druckbildes eines Programms in Textform wird im folgenden als Programmlisting bezeichnet, um dieses Druckbild von der eigentlichen Textform des Programms zu unterscheiden. Wie ein derartiges Programmlisting hergestellt wird, ist Gegenstand von Kapitel 5.

Das Programm LERN2 projiziert den Text, der in den einzelnen WRITE-Anweisungen steht, auf den Bildschirm - nicht aber so strukturiert, wie er im Programmlisting erscheint, sondern fortlaufend in einer Zeile. Der Text beginnt in einer oberen Zeile des Bildschirms am linken Rand (1. Spalte). Die einzelnen Strings werden fortlaufend ohne Zwischenräume über eine Zeilenbreite geschrieben bis zum rechten Rand (Spalte 80). Der rechte Rand ist im Wort "ausgabe" der Zeile 9 von LERN2 erreicht. Das 80te Zeichen ist der Buchstabe a. Das "b" als nächstes Zeichen des Strings "ausgabe" wandert an den Anfang der folgenden Zeile.

Wie diese Art der Datenausgabe beim WRITE-Befehl zustande kommt, kann man sich folgendermaßen klarmachen. Der Computer arbeitet Zeile für Zeile des Hauptprogramms nacheinander ab, beginnend mit Zeile 3. Der Leuchtzeiger des Bildschirms steht daher zunächst am Anfang einer freien Zeile des Bildschirms. Die Zeile 3 des Programms bewirkt, daß der Leuchtzeiger des Bildschirms 8 Zeichen in der Bildschirmzeile vorrückt, dabei den Text "uebungs-" schreibt und anschließend in Spalte 9 der Bildschirmzeile verharrt. Nun ist Zeile 3 des Programms abgearbeitet, und Zeile 4 wird aktiviert. Hier passiert im Prinzip dasselbe wie in Zeile 3: der Leuchtzeiger des Bildschirms wandert 8 Zeichen in der Bildschirmzeile weiter, schreibt daher den String 'programm' und verharrt dann in Spalte 17 der Bildschirmzeile. Nun aktiviert das Programm LERN2 die Zeile 5 des Programms. Der Leuchtzeiger schreibt den String 'dieses' und befindet sich in Spalte 23 des Bildschirms usw. In Zeile 9 des Programms erreicht der Leuchtzeiger die Endspalte 80 der Bildschirmzeile und springt danach in die erste Spalte der folgenden Zeile.

Der WRITE-Befehl fügt also die Ausgabe von Zeichen direkt an das letzte Zeichen des vorangegangenen WRITE-Befehls, ohne Zwischenräume frei zu lassen. Daher folgt der String 'dieses' von Programmzeile 5 direkt auf den String 'programm' von Zeile 4, und beide strings erscheinen auf dem Bildschirm als ein gemeinsamer String. Auf dem Bildschirm erscheint folgendes Bild:

```
uebungs-programmdiesesist eine erste demonstration des write-befehls und der a
usgabe am bildschirm
```

Dieser Nachteil bei der Bildschirmpräsentation einer Abfolge von WRITE-Befehlen läßt sich beheben, indem man ein Leerzeichen, das das folgende Wort trennt, als letztes Zeichen in jeden String aufnimmt. Dieses geschieht im Programm LERN3. Dadurch erscheinen die Wörter auf dem Bildschirm getrennt durch Leerzeichen. LERN3 zeigt ferner, daß die Groß- und Kleinschreibung bei der Textausgabe möglich ist.

Da das Leerzeichen ein eigenständiges Zeichen ist, gibt der WRITE-Befehl es nur dann wieder, wenn es in ihm vorkommt. Ohne Vorsorge für Leerzeichen wird auch die Ausgabe von Zahlen zusammenhängend auf den Bildschirm geschrieben. Z. B. erzeugt die Befehlsfolge

```
WRITE(27);
WRITE(53);
```

auf dem Bildschirm die Ausgabe 2753.

Der Nachteil, daß die Präsentation der Ausgabe anders vor sich geht, als die Abfolge der WRITE-Befehle im Programm es sugge-

```
PROGRAM lern2a;
BEGIN
writeln('uebungs-');
writeln('programm');
writeln('dieses');
writeln('ist eine erste demonstration');
writeln('des write-befehls und der');
writeln('ausgabe am bildschirm.');
END.
```

Listing des Programms LERN2A

riert, kann durch den WRITELN-Befehl vermieden werden. (WRITELN = write a line, gesprochen write line). Dieses wird im Programm LERN2A dargestellt. Der WRITELN-Befehl ist zunächst ein WRITE-Befehl. Es wird das auf den Bildschirm gebracht, was ein entsprechender WRITE-Befehl veranlassen würde. Nach Ausführung des WRITE-Befehls springt aber dann der Leuchtzeiger auf den Anfang der folgenden Zeile. Dann wird der nächste WRITELN-Befehl aktiviert. Es wird auf den Bildschirm geschrieben und wieder die nächste Zeile angesprungen. Auf diese Weise erscheint auf dem Bildschirm der Text der Strings in gleicher Präsentation wie im Programm LERN2A. WRITELN (...) entspricht also WRITE (...) und einer "Zeilenschaltung".

Der Befehl WRITELN; kann auch allein stehen ohne Ausgabe von Schreibinhalten. Dieses ist im Programm LERN2B dargestellt in den Programmzeilen 5 und 6. Dann bewirkt WRITELN lediglich eine "Zeilenschaltung" auf dem Bildschirm; der Leuchtpunkt wandert eine Zeile tiefer und befindet sich dort in Spalte 1. Mit einem Befehl

```
WRITELN;
```

```
 1: PROGRAM lern2b;
 2: BEGIN
 3: writeln('uebungs-');
 4: writeln('programm');
 5: writeln;
 6: writeln;
 7: writeln('dieses');
 8: writeln('ist eine erste demonstration');
 9: writeln('des write-befehls und der');
10: writeln('ausgabe am bildschirm.');
11: END.
```

Listing des Programms LERN2B

erhält man also auf dem Bildschirm eine Leerzeile. Mit dieser Technik des Leerzeilen- Erzeugens kann die Präsentation der Daten auf dem Bildschirm organisiert werden. Im Ablauf des Programms LERN2B erscheint auf dem Schirm zunächst der Text

```
          uebungs-
          programm
```

Dann werden zwei Leerzeilen erzeugt, und danach erscheint der Text von Programmzeilen 7 bis 10. Durch die zwei Leerzeilen wird der Text

```
      uebungs-
      programm
```

vom folgenden Text abgesetzt und erhält dadurch den Charakter einer Überschrift. Da streng genommen der Befehl WRITELN; den Leuchtzeiger lediglich veranlaßt, in die nächste Zeile zu springen, erzeugt dieser Befehl nur dann eine Leerzeile, wenn der vorhergehende Schreibbefehl ein WRITELN-Befehl, aber kein WRITE-Befehl gewesen war. Ein vorhergehender WRITELN-Befehl läßt nämlich den Leuchtzeiger in die Zeile springen, die dann durch den folgenden WRITELN-Befehl allein zur Leerzeile wird. Daß ein WRITELN-Befehl noch keine Leerzeile erzeugt, sehen wir am Programm LERN2C. Dort tritt WRITELN; in Programmzeile 5 auf, bewirkt aber lediglich eine Zeilenschaltung.

Der WRITE- oder WRITELN-Befehl ist ein sehr flexibler Befehl; er nimmt Variablen der Typen integer, real, char oder string auf. Er nimmt explizite Werte dieser Variablen auf oder die Variablen selbst, d.h. WRITE(5); oder WRITE(A); bilden beide die Zahl 5 auf dem Bildschirm ab, wenn A zuvor der Wert 5,

```
      A:=5;
```

```
 1: PROGRAM lern2c;
 2: BEGIN
 3: write('uebungs-');
 4: write('programm');
 5: writeln;
 6: write('dieses');
 7: write('ist eine erste demonstration');
 8: write('des write-befehls und der');
 9: write('ausgabe am bildschirm.');
10: END.
```

Listing des Programms LERN2C

```
PROGRAM lern4;
VAR  i,j,k : integer;
     q,r,s : real;
     a,b,c : char;
     x,y,z : string;
BEGIN
i:=2;
j:=7;
q:=1.5;
r:=5.3;
a:='L';
b:='?';
c:='*';
x:='Uebungs-';
y:='Programm';
k:=(i+2)*2;
s:=(q*r)/3;
z:=concat(x,y);
writeln(i,j,k);
writeln(q,r,s);
writeln(a,b,c);
writeln(x,y,z);
writeln;
writeln;
writeln(i,' ',j,' ',k);
writeln(q,' ',r,' ',s);
writeln(a,' ',b,' ',c);
writeln;
writeln;
writeln('Werte der Variablen I,J,K:');
writeln(i,' ',j,' ',k);
writeln('Werte der Variabeln r,s,t:');
writeln(r,' ',s,' ',t);
writeln('Werte der Variablen a,b,c:');
writeln(a,' ',b,' ',c);
writeln('Werte der Variablen X,Y,Z:');
writeln(x,' ',y,' ',z);
END.
```

Listing des Programms LERN4

zugewiesen worden ist. Ferner können in der Klammer des WRITE-Befehls Variablen oder explizite Werte, durch Komma getrennt, aufgereiht werden. Deren Werte erscheinen dann in der Reihenfolge auf dem Bildschirm, wobei wieder eine Trennung durch das Leerzeichen, das ja ein eigenes Char-Zeichen ist, unterbleibt, solange dafür keine besondere Vorsorge getroffen ist. Schließlich ermöglicht der WRITE-Befehl eine Art von Tabulator-Funktion. Diese Eigenschaften des WRITE-Befehls sollen nun am Beispiel des Programms LERN4 erläutert werden.

Da wir mit Variablen arbeiten - im Unterschied zu den expliziten String-Werten des Programms LERN2 - müssen diese zuvor im Deklarationsteil des Programms vereinbart werden. Zu jedem Variablen-Typ werden drei Variable vereinbart. Dieses geschieht in den Zeilen 3 bis 6 des Programms LERN4, indem das PASCAL-Wort VAR vorangestellt wird. Ab Zeile 8 fängt das Hauptprogramm an. In den Zeilen 9 bis 17 werden den Variablen Werte zugewiesen.

Mit diesen Variablen werden in den Zeilen 18 bis 20 Operationen vorgenommen, wobei die Variablen vom Typ char ohne Operationen bleiben. In den folgenden Zeilen werden die Werte der Variablen auf verschiedene Weise ausgegeben. In den Zeilen 21 bis 24 werden mit je einem WRITELN-Befehl die Werte aller drei Variablen jeden Typs auf den Bildschirm gebracht. Diese Art der Ausgabe besitzt verschiedene Nachteile:

(1) Die Werte der Variablen werden auf dem Bildschirm nicht durch Leerzeichen oder sonstige Symbole getrennt, so daß die einzelnen Werte nicht identifiziert werden können.
(2) Der Benutzer erhält allein die Werte auf dem Bildschirm präsentiert, ohne daß er sie einer Bedeutung zuordnen kann, z. B. den Variablennamen.

Der Nachteil (1) wird durch die Art der Datenausgabe in Zeile 27 - 30 vermieden; die Variablen werden mit dem Leerzeichen ' ' getrennt. Den Nachteil (2) kann man dadurch beheben, indem für jede Ausgabe von Daten eine Überschrift als Erläuterung gewählt wird.

Die Überschrift wird selbst wiederum als eine WRITELN-Anweisung realisiert. Sie dient aber von der Intention des Programms her nicht direkt der Datenausgabe, sondern informiert den Benutzer über die am Bildschirm erscheinenden Daten. Diese Benutzer-Information wird in den Zeilen 33 - 41 des Programms mitausgegeben. Eine weitere Möglichkeit, den Benutzer über den Sinn der ausgegebenen Daten zu informieren, besteht darin, direkt die Datenausgabe mit der Benutzerinformation in einer Zeile zu verbinden, etwa:

```
WRITELN ('I = ',I,' J = ',J,' K = ',K);
```

Die WRITE-Anweisung kann so gestaltet werden, daß die Daten als rechtsbündige Blöcke ausgegeben werden ("Tabulator").

Um dies zu erläutern, nehmen wir an, daß V eine Variable ist (vom Typ integer, real, char oder string). Bezeichne S die Spaltennummer der Spalte, in die der Leuchtzeiger nach der letzten WRITE-Anweisung zum Verharren gekommen ist (vergl. Abb. 11). Die Anweisung WRITE(V:5); bewirkt, daß 5 Spalten in der betreffenden Zeile, ab Spalte S gerechnet, für den Wert der Variablen V reserviert werden. In den Zeilenabschnitt zwischen S und T wird dieser Wert rechtsbündig geschrieben.

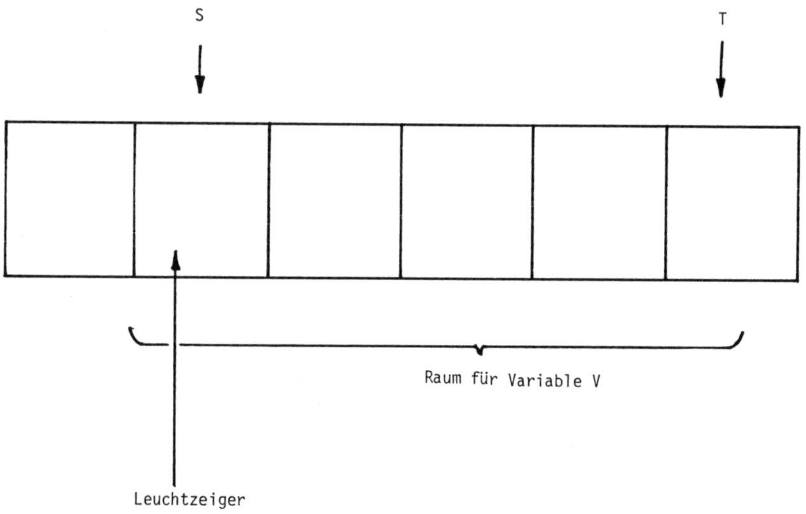

Abb. 11: Die Platzreservierung für die Datenausgabe

Beansprucht die Datenausgabe der Variablen V mehr Platz, so wird die Reservierung ignoriert. Allgemein lautet die Reservierungsanweisung

```
WRITE(V:k);
```

wobei k eine positive, ganze Zahl ist. k kann wiederum eine integer-Variable sein, deren Wert zuvor im Programm festgelegt wurde. Z. B. bedeutet die Folge von Anweisungen

```
V:= 'Uebungsprogramm';
L:=  length(V) + 10;
WRITE(V:L);
```

daß der Inhalt von V mit 10 führenden Leerstellen ausgegeben wird. Diese Art der Ausgabe-Gestaltung eignet sich gut für die kolonnenmäßige Darbietung von Zahlen. Sind etwa I, J, K, I1, J1, K1 integer-Variablen mit Werten $\leq$ 1000, so gibt die Ausgabe

```
WRITELN(I:10,J:10, K:10);
WRITELN(I1:10, J1:10, K1:10);
```

die Daten in zwei Zeilen und drei Blöcke zu je 10 Spalten aus.

Diese Technik, die Datenausgabe auf dem Bildschirm zu gestalten, kann insbesondere mit dem Leerzeichen ' ' erzielt werden. Betrachten wir als Beispiel

```
WRITELN( ' ':10,I);
```

Diese Anweisung bewirkt, daß das Leerzeichen ' ' in einem Block von 10 Leerzeichen der Zeile geschrieben wird, gefolgt vom Wert der Variablen I. Anschaulich bedeutet dies, daß der Wert von I mit 10 führenden Leerzeichen ausgegeben wird. Bei der Ausgabe von real-Variablen läßt sich mit Hilfe der WRITE-Anweisung die Anzahl der Stellen nach dem Komma festlegen.

```
WRITE(V:k:d);
```

bedeutet, daß für die Variable V die Anzahl von k Spalten, einschließlich des Dezimalpunktes, reserviert und die Zahl der Stellen nach dem Dezimalpunkt auf d Stück festgelegt wird. d muß eine nicht negative ganze Zahl sein oder eine integer-Variable mit nicht negativem Wert.

§5 Programme mit interaktiver Dateneingabe

Die Programme des vorangegangenen Abschnitts besaßen den Nachteil, daß ihnen vom Benutzer keine Daten zugewiesen werden konnten; den Variablen wurden - wie im Programm LERN4 in den Zeilen 9 bis 17 - im Programm selber die Werte zugewiesen. Die Leistungsfähigkeit der EDV zeigt sich aber erst dann, wenn ein allgemeines Programm auf verschiedene Daten angewendet werden kann und diese Daten nach den gleichen Regeln verarbeitet werden können. Einem Programm von "außen" Daten zuzuführen, kann mit der READ-Anweisung geschehen. Ferner kann der Benutzer mit der READ-Anweisung dem Computer Befehle erteilen und auf diese Weise den Ablauf eines Programms steuern. Man spricht dann von einer interaktiven Benutzung. Der Benutzer greift aktiv ein. Eine breitere Diskussion über die Techniken der interaktiven Benutzung soll in Kapitel 6 erfolgen.

Vom Aufbau der Sprache PASCAL her betrachtet, besitzt die READ-Anweisung die Aufgabe, Daten von "Textfiles" - ursprünglich Lochkartenstapel - zu lesen und in ein laufendes Programm einzugeben. Dabei wird die Tastatur, mit welcher der Benutzer Daten eintippt, lediglich als ein spezielles "Textfile" vom System interpretiert. Die allgemeine Verwendung der READ-Anweisung, um Textfiles anzusprechen, wird in Kapitel 5 diskutiert. Infolge dieser allgemeinen Aufgabenstellung der READ-Anweisung, einen Datenzugang von externen Peripherie-Einheiten zu bilden, ist diese Anweisung gar nicht in spezieller Weise auf Probleme der interaktiven Dateneingabe am Mikrocomputer zugeschnitten, so daß etwa Fragen der Benutzerfreundlichkeit zum Zeitpunkt der Entwicklung der Sprache PASCAL (ca. 1970) nicht im Vordergrund der Konzeption standen. Aus diesem Grunde bietet die READ-Anweisung nicht das Maß an Komfort, den der Benutzer eines Mikrocomputers sich wünschen mag. Im Kapitel 4 werden Eingabeprozeduren diskutiert, welche den Komfort bei der Dateneingabe verbessern.

Probleme bei der Verwendung der READ-Anweisung entstehen deshalb, weil bei der Dateneingabe über die Tastatur der Datentyp, der eingetippt wird, weitgehend sich halten muß an den Typ der Variablen, welche der READ-Anweisung zugeordnet ist. Ansonsten besteht die Gefahr des Programmabbruchs mit Fehlermeldung.

Ebenso wie zum WRITE-Befehl der WRITELN-Befehl gehört, besitzt der READ-Befehl einen verwandten Befehl, den READLN-Befehl ("Read line" gesprochen), der sich besser eignet, auf interaktive Weise Daten einzugeben, als der READ-Befehl; der READLN-Befehl stellt geringere Anforderungen an die Programmformulierung und gibt einen höheren Benutzerkomfort ab. Aus diesem Grunde soll die interaktive Eingabe von Daten an dieser Stelle allein mit dem READLN-Befehl behandelt werden. Die besondere Verwendung des READ-Befehls wird eher bei Anwendung von Textfiles sinnvoll und daher Kapitel 5 vorbehalten.

Um den Gebrauch der READLN-Anweisung zu demonstrieren, nehmen wir an, daß im Deklarationsteil eines Programmes die Variablen wie folgt vereinbart sind:

```
Var  I, J, K: integer;
     q, r, s: real;
     a, b, c: char;
     x, y, z: string; (bzw. string [80]; bei TURBO-PASCAL)
```

Die Dateneingaben werden nun getrennt nach Variablentypen dargestellt.

<u>Real- und integer-Eingaben:</u>

Tritt im Ablauf des Hauptprogramms die Zeile

```
READLN(r);
```

bzw.

```
READLN(I);
```

auf, so verharrt das System an dieser Stelle; der Programmablauf wird nicht fortgesetzt. Dieses Systemverhalten wird interpretiert, daß man sagt, das System wartet auf eine Dateneingabe. Damit ist der Benutzer aufgefordert, eine integer-Zahl bzw. real-Zahl einzutippen. Dabei ist zugleich das Zahlenende einzugeben. Was damit gemeint ist, können wir uns folgendermaßen klarmachen: soll etwa die Zahl 129 eingetippt werden, so ist die 1, die 2 und die 9 einzutippen. Dazu ist dem System mitzuteilen, daß damit die Eingabe der Zahl abgeschlossen ist und nicht womöglich auf die 9 eine weitere Ziffer folgt. Diese Abschlußmeldung geschieht mit der Return-Taste. Erst dann, wenn die Return-Taste gedrückt worden ist, ist der Variablen I bzw. r der eingetippte Wert zugewiesen, und der Programmablauf, der mit der READLN-Anweisung unterbrochen worden ist, wird fortgesetzt. Die real-Eingabe READLN(r) akzeptiert die Eingabe von integer-Zahlen. Beide Eingaben, real und integer, führen zum Programmabbruch, wenn andere Zeichen als Zahlen, die Vorzeichen + - oder (bei der real-Eingabe) der Dezimalpunkt eingetippt werden. Beide Eingaben ermöglichen ferner eine Korrektur der Eingabewerte, solange nicht die Abschlußmeldung mit der Return-Taste erfolgt ist. Die Korrektur falsch eingetippter Werte ermöglicht die Backspace-Taste (oder Control-H).[1)]

Die char-Eingabe:

Tritt im Programmablauf des Hauptprogramms die Zeile

```
READLN(c);
```

auf, so verharrt das System und wartet auf die Eingabe eines Zeichens.

Unmittelbar nach Eintippen eines der Zeichen aus dem Zeichenvorrat der Tastatur (einschließlich Leertaste) wird der Variablen c dieses Zeichen zugewiesen. Das Programm setzt seinen Ablauf fort, wenn eine Abschlußmeldung mit RETURN erfolgt. Eine Korrektur des eingebenen Zeichens ist nicht möglich.

Die string-Eingabe:

Eine Programmzeile der Art

```
READLN(x);
```

führt zunächst dazu, daß das System an dieser Zeile verharrt und auf eine Dateneingabe "wartet". Es können nun bis zu 80 Zeichen in beliebiger Reihenfolge eingetippt werden (einschließlich Leertaste). Mehr Zeichen einzugeben,ist nicht möglich. Die Eingabe der Zeichen wird mit der RETURN-Taste beendet. Diese Abschlußmeldung veranlaßt das System, die eingetipp-

----

1) Control-H bedeutet, daß die Taste H gedrückt wird, während die Control-Taste gedrückt ist.

te Zeichenkombination dem String x zuzuweisen und im Programmablauf fortzufahren. Eine Korrektur der eingetippten Zeichen ist mit der Backspace-Taste möglich (oder Control-H).

Eine READLN-Anweisung kann auf einmal mehreren Variablen Werte zuweisen, z. B.

```
READLN(I, J, K);
```

Bei dieser Eingabenaufforderung sind drei integer-Zahlen in der angegebenen Reihenfolge I, J, K einzutippen, getrennt von mindestens einem "Trennzeichen" (Leertaste oder RETURN). Die Dateneingabe ist insgesamt mit der RETURN-Taste abzuschließen. Oder die Eingabe:

```
READLN(a, b, c);
```

Hier sind drei Zeichen einzutippen, ohne daß Trennzeichen möglich sind. So veranlaßt z. B. die Eingabesequenz

2 Leertaste t

die Zuweisung a:= '2', b:= ' ', c:= 't'. Hier ist ebenfalls die Eingabe insgesamt mit der Returntaste abzuschließen.

Da string-Variable bei der Eingabe keine definierten Trennzeichen besitzen, ist die Dateneingabe mit einer READLN-Anweisung für mehr als einen String nicht möglich. So bewirkt etwa die Leseanweisung

```
READLN(x,y);
```

daß das Returnzeichen, das den ersten String x abschließt, die gesamte Leseanweisung beendet. Als Effekt ergibt sich, daß x einen Wert besitzt, y jedoch keinen.

Die READLN-Anweisung erlaubt es ferner, mit einer Anweisung Variablen unterschiedlichen Typs Daten zuzuweisen. Bei der Dateneingabe ist jedoch auf die Verschiedenheit der Trennzeichen für die verschiedenen Datentypen zu achten.

Beispiel:

```
READLN(a, I, b, r, J, c);
```

Sequenz auf der Tastatur:

? 6 Leertaste B -7.5 Leertaste 22 Leertaste r RETURN-Taste.

Diese Sequenz weist die folgenden Werte zu:

```
a:='?', I:=6   b:= 'B', r:= -7.5, J:= 22, c:= 'r'
```

In der "Variablenliste" der READLN-Anweisung darf auch eine Variable vom Typ string stehen, wegen der Besonderheit des string-Abschlusses mit RETURN jedoch nur eine Variable, und diese nur am Ende der Liste, z. B.

```
READLN(a, I, b, r, J, c, x );
```

Derartige READLN-Befehle mit Variablen verschiedenen Typs erweisen sich jedoch in der Praxis als hinderlich, da die unterschiedlichen Trennungszeichen beachtet werden müssen. Es wird daher empfohlen, für jeden Variablentyp eine besondere READLN-Anweisung zu schaffen.

§6 Probleme der Bildschirmpräsentation der READLN-Anweisung

Betrachten wir zur Einführung in die Fragestellung das Programm SUMME1. In der Programmzeile 3 werden drei real-Variable vereinbart. In den Zeilen 6 und 7 werden die Variablen i und j über eine READLN-Anweisung mit Werten versehen. In der Zeile 9 werden diese Werte "verarbeitet"; die Variable K bekommt die Summe zugewiesen. In der Zeile 10 wird das Ergebnis, mit einem begleitenden Text versehen, ausgegeben. Auf diese Weise erhält der Benutzer eine Interpretation des Ergebnisses. Was jedoch im Programm fehlt, ist eine Interpretation der Eingabe-Anforderungen READLN(i) und READLN(j). Wenn das Programm gestartet wird, erscheint in der ersten Zeile des Bildschirms

```
Running...
```

und in der 2. Zeile des Bildschirms verharrt der Leuchtzeiger.

```
PROGRAM summe1;

VAR i,j,k : real;

BEGIN

  readln(i);
  readln(j);
  k := i + j;
  writeln('Die Summe von',i,' und ',j,' ist ',k);

END. {summe1}
```

Listing des Programms SUMME1

Nichts deutet dem Benutzer an, was nun zu tun ist, also den Wert von i einzutippen. Ist dies geschehen, springt der Leuchtzeiger in die 3. Zeile und verharrt dort. Wiederum wird nicht deutlich, daß nun der Benutzer den Wert der Variablen j einzutippen hätte. Diese ungeklärte Situation läßt sich durch eine Textzeile auf dem Bildschirm beheben. Diese Textzeile informiert den Benutzer darüber, welche Daten er einzutippen hat.

> <u>Regel:</u>
>
> Jede READLN-Anweisung ist mit einer WRITELN-Anweisung zu verbinden, die eine Information dem Benutzer übermittelt.

Wenn wir nach dieser Regel das Programm SUMME1 umschreiben zu SUMME2, so erhalten wir folgendes. In SUMME2 sind die READLN-Anweisungen in den Programmzeilen 8 und 10 durch vorangestellte WRITELN-Anweisungen in den Programmzeilen 7 und 9 dem Benutzer als Aufforderung erkennbar gemacht worden, Daten (bestimmten

```
 1: PROGRAM summe2;
 2:
 3: VAR i,j,k : real;
 4:
 5: BEGIN
 6:
 7:   writeln(' Gib eine Zahl ein . ');
 8:   readln(i);
 9:   writeln(' Gib eine weitere Zahl ein .);
10:   readln(j);
11:   k := i + j;
12:   writeln('Die Summe von',i,' und ',j,' ist ',k);
13:
14: END. {summe2}
```

Listing des Programms SUMME2

Typs) einzutippen. Für den internen Ablauf des Programms SUMME2 sind die beiden WRITELN-Anweisungen in Zeile 7 und 9 eigentlich nicht erforderlich, wie das Programm SUMME1 zeigt. Gemessen an der Ablauflogik sind diese Anweisungen Elemente einer übergeordneteten Ebene, auf der die Kommunikation mit dem Benutzer angesprochen wird. Diese Meta-Elemente in das Programm einzufügen, erleichtert nicht nur das Programm zu bedienen. Auch wird dadurch der Text des Programms besser strukturiert und so leichter lesbar.

Neben diesem Aspekt der Bildschirmpräsentation der READLN-Anweisung ist noch folgendes zu beachten. Werden bei einer READLN-Anweisung Daten über die Tastatur eingetippt, so erscheinen die eingetippten Zeichen auf dem Bildschirm. Dadurch ist eine Kontrolle des Eintippvorgangs möglich. Bei Daten vom Typ integer, real oder string können ggf. Korrekturen vorgenommen werden, bevor sie mit der Return-Taste an das System endgültig übergeben werden. Beim Eintippen der Daten rückt der Cursor in der gegebenen Zeile pro Zeichen eine Spalte vor und das jeweils eingetippte Zeichen erscheint an seiner alten Stelle. Dieses "Tipp-Echo" in einer Bildschirmzeile wirft die Frage auf, was am Ende der Bildschirmzeile geschieht. Wenn etwa der Cursor zu Beginn der READLN-Anweisung durch vorangegangene WRITE-Befehle sich etwa in der 79. Spalte befindet, werden dann Daten, die mehr als zwei Spalten zur Darstellung benötigen - also die 80-te Spalte überschreiten - noch vom System akzeptiert? Die Frage kann mit ja beanwortet werden. "Längere" Daten können eingetippt werden; sie werden in der folgenden Zeile fortgesetzt.

Zur Frage der Bildschirmpräsentation der READLN-Anweisung gehört schließlich noch die Bemerkung, daß die Return-Taste, mit welcher das Datenende dem System mitgeteilt wird, den Leuchtzeiger veranlaßt, an den Anfang der folgenden Zeile zu springen.

Nach einem READLN-Befehl können wir also davon ausgehen, daß der Leuchtzeiger am Beginn einer freien Zeile steht. Dieser Hinweis ist von Bedeutung für die Bildschirmpräsentation von nachfolgenden WRITE-Befehlen.

Anwendungen

Mit dem Programm RENTE demonstrieren wir die Anwendung der interaktiven Dateneingabe. Das Programm berechnet das End-Kapitel K_n nach der Rentenformel

$$K_n = (1+r)^n . K_o + r^{-1}((1+r)^n - 1).E$$

Hierbei ist r der Zinssatz, K_o das Anfangskapital zu Beginn der Ansparperioden, n die Anzahl der Perioden und E die Einzahlung, die pro Periode geleistet wird. Über die interaktive Dateneingabe werden diesen Variablen im Programm Werte zugewiesen. Dies geschieht in den Programmzeilen 8 bis 12. Die Zeilen 10, 14 und 16 verarbeiten die Daten. Die Zeile 18 gibt den Wert von K_n aus.

```
 1: PROGRAM rente;
 2:
 3: VAR
 4:   k0,kn,p,e,n,q,r : real;
 5:
 6: BEGIN
 7:
 8:   writeln(' Anfangskapital  = ');   readln(k0);
 9:   writeln(' Zinssatz in %   = ');   readln(r );
10:   p := r / 100.0;
11:   writeln(' Einzahlung      = ');   readln(e );
12:   writeln(' Anzahl Perioden = ');   readln(n );
13:
14:   q  := exp(n * ln(1+p));
15:
16:   kn := k0 * q + e * ( (q-1) / p );
17:
18:   writeln(' Endkapital Kn = ',kn:7);
19:
20: END.
```

Listing des Programms RENTE

§7 Die Datenausgabe auf dem Drucker

Die Ausgabe von Daten, die im Programm erzeugt worden sind, ging bisher über den WRITE-Befehl vonstatten. Dessen Wirkung besteht darin, die Daten auf dem Bildschirm zu projizieren. Um Daten zu dokumentieren und zu archivieren, ist die Bildschirmausgabe weniger geeignet. Hierzu eignet sich besser ein Drucker.

Die Steuerung des Druckes geht,wie beim Bildschirm, ebenfalls mit WRITE-Befehlen vor sich, nur ist zuvor die Datenausgabe vom Bildschirm auf den Drucker umzulenken. Dieser Vorgang ist relativ einfach zu realisieren, da das System beide Einheiten - den Bildschirm und den Drucker - als spezielle Textfiles interpretiert. Während das Textfile Bildschirm automatisch aktiviert ist, um darin mit dem WRITE-Befehl zu schreiben, muß beim UCSD-PASCAL der Drucker mit einem REWRITE-Befehl aktiviert werden. Dazu ist eine Dateivariable erforderlich, die im Deklarationsteil vereinbart werden muß. Hingegen ist im TURBO-PASCAL der Drucker als das mit LST bezeichnete Textfile automatisch aktiviert.

Diese Aktivierung des Textfiles Drucker unterscheidet sich nicht von der anderer Textfiles, wie in Kapitel 5 beschrieben wird. Die Systematik der Darstellung muß jedoch hier durchbrochen werden, um den Leser frühzeitig mit der Druckersteuerung bekannt zu machen.

Wir erläutern die Druckersteuerung am Beispiel des zuletzt besprochenen Programms RENTE. Dieses Programm wird umgeschrieben zum Programm RENTE1, das die gesamte Datenausgabe auf den Drucker gibt. Hierzu wird in Programmzeile 5 eine neue Variable OUT eingeführt - die Dateivariable. Ihr wird der Datentyp TEXT zugeordnet. Dann werden die WRITELN-Befehle in den Zeilen 8, 9, 11, 12, 18 umgeschrieben zu WRITELN (OUT,..). Die WRITELN-Befehle enthalten die Dateivariable OUT an erster Stelle, die mit einem Komma getrennt wird von den auszugebenden Daten. Der REWRITE-Befehl in Zeile 9 aktiviert das Textfile Drucker und weist ihm die Dateivariable OUT zu. Damit ist das Umschreiben des Programms auf Druckerausgabe abgeschlossen. Die WRITE-Befehle verhalten sich nun im "Druckerzustand" völlig gleichartig wie in § 4 dargestellt - nur mit dem Unterschied der Druckerausgabe.

Beim TURBO-PASCAL ist keine eigenständige Aktivierung des Druckers erforderlich. Die Vereinbarung einer Dateivariablen vom Typ Text im Deklarationsteil entfällt daher ebenso wie der REWRITE-Befehl im Ausführungsteil. Der Drucker ist als Textfile LST automatisch aktiviert. Die WRITELN-Befehle des Programms RENTE sind daher einfach in WRITELN(LST,...) umzuschreiben. Die Druckerbezeichnung LST kommt an die erste Stelle der WRITELN-Klammer.

```
PROGRAM rente1;

VAR
  k0,kn,p,e,n,q,r : real;
  out : text;

BEGIN

  rewrite(out,'PRINTER:');

  writeln(out,' Anfangskapital   = '); readln(k0);
  writeln(out,' Zinssatz in %    = '); readln(r );
  p: = r / 100.0;
  writeln(out,' Einzahlung       = '); readln(e );
  writeln(out,' Anzahl Perioden  = '); readln(n );

  q  := exp(n * ln(1+p));

  kn := k0 * q + e * ( (q-1) / p );

  writeln(out,' Endkapital Kn = ',kn:7);

END.
```

Listing des Programms RENTE1

Lassen wir das Programm laufen, so erkennen wir, daß alle Daten, die zuvor die WRITE-Befehle auf dem Bildschirm ausgegeben hätten, nun auf dem Drucker erscheinen. Insoweit ist unser Ziel der Druckerausgabe erreicht. Jedoch ist das Programm RENTE1 interaktiv; es werden die Daten für die Variablen K_o, r, E, n über die Konsole eingegeben. Diese Daten erscheinen zwar über das Konsolenecho auf dem Bildschirm, nicht aber auf dem Drucker. Daher bleibt das Druckerprotokoll unvollständig; die eingegebenen Daten fehlen in dem Protokoll. Als weiteres Problem kommt hinzu, daß nun der interaktive Ablauf des Programms auf zwei Einheiten verteilt ist: Dateneingabe an der Konsole mit Bildschirm und Datenausgabe am Drucker. Die Aufforderung

```
Anfangskapital =
```

erscheint daher auf dem Drucker, nicht aber auf dem Bildschirm. Offenbar werden Bildschirm und Drucker nicht gleichzeitig, parallel mit der Datenausgabe durch die WRITE-Befehle bedient. Dieses ist aber für einen interaktiven Programmablauf wünschenswert.

Eine Abhilfe läßt sich dadurch schaffen, daß man mit je zwei WRITE-Befehlen einmal die Datenausgabe auf den Drucker, zum anderen auf den Bildschirm lenkt. So würde dann die Zeile 8 aussehen wie

```
WRITELN(' Anfangskapital = ');
WRITELN(OUT, ' Anfangskapital = ');
```

also in zwei Zeilen verdoppelt werden. Diese Technik führt zu einem erhöhten Aufwand an Formulierung und Programmierung, muß aber zunächst in Kauf genommen werden. In Kapitel 4, § 3, werden wir einen speziellen WRITE-Befehl kennenlernen, der eine Parallelsteuerung von Bildschirm und Drucker erlaubt.

Bei Programmen mit interaktiver Dateneingabe bleibt jedoch das Druckerprotokoll bislang unvollständig; die eingetippten Daten werden zunächst nicht gedruckt. Um dieses zu erreichen, sollte nach jedem READLN-Befehl ein WRITELN(OUT,...)-Befehl folgen, der die eingelesene Variable ausdruckt.

§8 Fragen des Programmierstils

Was ein guter Programmierstil ist - diese Frage zu beantworten ist nicht einfach (vgl. Singer, 1980, Kap. 3). Die Meinungen gehen darüber auseinander. Die Frage läßt sich auch schwer allgemeingültig beantworten, da sie sehr stark von einzelnen Problemen abhängt. Daher können hier nur einige allgemeine Anmerkungen zum Programmierstil gemacht werden. Die Zielrichtung bei der Erstellung von Programmen kann an verschiedenen Kriterien orientiert werden wie

- Klarheit
- Lesbarkeit
- Benutzerfreundlichkeit
- Optimierung hinsichtlich Schnelligkeit und Speicherplatzbedarf

Singer (1980, S. 125) führt noch den Punkt der Wirksamkeit von Programmen auf. Die Optimierung spielt eher bei Großanwendungen von PASCAL eine Rolle und braucht daher in diesem Buch, das eine elementare Einführung geben will, weniger berücksichtigt werden. Der Punkt "Benutzerfreundlichkeit" wird laufend in diesem Buch hervorgehoben. Was den Punkt "Klarheit" anbetrifft, so kann dieses Postulat zunächst dadurch erfüllt werden, daß ein gegebenes Problem in einzelne Teilprobleme zerlegt wird, die zunächst unabhängig voneinander bearbeitet werden. Wie man dies beim Programmieren erreicht, ist Gegenstand von Kapitel 4.

So bleibt der Punkt "Lesbarkeit". Damit ist die Lesbarkeit der Programme gemeint. Ein hohes Maß an Lesbarkeit eines Programms erleichtert dessen interpersonelle Kommunizierbarkeit. Die Person A schreibt ein Programm, und die Person B kann es lesen, d.h. auch verstehen. Beide Personen können dann über das Programm diskutieren. Dieser Forderung ist in der Vergangenheit nicht in allen Fällen Rechnung getragen worden und führte zu der unbefriedigenden Situation, daß bei EDV-Anwendern sich Programme ansammeln, die niemand benutzen kann, da sie schlecht dokumentiert sind und der Autor nicht mehr zur Verfügung steht.

Die Lesbarkeit eines Programms läßt sich durch verschiedene Techniken verbessern. Einmal kann der Programmablauf durch Kommentare erläutert werden. Kommentare sind Textzeilen in der Textform des Programms, die vom Compiler ignoriert werden. Der Beginn und das Ende eines Kommentars wird dem System durch ein Paar geschweifte Klammern oder dem Doppelzeichen runde Klammer mit dem Stern mitgeteilt:

```
{Text des Kommentars}
 oder
(* Text des Kommentars*)
```

Ein Kommentar kann sich über mehrere Zeilen erstrecken.

Ein Kommentar sollte eingesetzt werden, um

- in der 2.Zeile des Programms eine Kurzbeschreibung des Programms zu dokumentieren. Im Programm RENTE könnte etwa stehen: Das Programm berechnet den Endwert von periodischen Einzahlungen nach der Rentenformel

- nach dem Deklarationsteil des Programms den Beginn des Hauptprogramms anzuzeigen. Beispiel

```
Begin       {Hauptprogramm}
```

Diese Technik ist von Bedeutung, wenn bei der Anwendung von Unterprogrammen (siehe Kapitel 4) der Deklarationsteil des Programms sehr lang wird.

- die Bedeutung von wichtigen programminternen Variablen zu erläutern.

- als Überschrift wichtiger Programmabschnitte zu erläutern, welches Ziel in dem Programmabschnitt verfolgt wird.

Die Lesbarkeit von Programmen läßt sich ferner erhöhen, wenn wichtige Variable des Programms mit einprägsamen Namen versehen werden, die an die inhaltliche Bedeutung der Variablen anknüpfen. So wurden im Programm RENTE nicht die Variablennamen

U, V, W, X, Y, Z

verwendet, was durchaus möglich gewesen wäre, sondern für das Anfangskapital Ko, für das Endkapitel Kn, usw.
Um die inhaltliche Bedeutung der wichtigen Variablen zu bewahren, sollte im Programm nicht für verschiedene Zwecke der gleiche Variablenname verwendet werden- es sei denn, man benutzt für Zwischenergebnisse und Nebenrechnungen die Standardnamen

U, V, W, X, Y, Z.

Zweifellos bedeuten die hier formulierten Forderungen an die Lesbarkeit eines Programms, daß der Aufwand beim Programmieren steigt. Dieses ist als Preis dafür anzuerkennen, daß die Programme leichter lesbar, stärker objektiviert sind und ein höheres Maß an interpersoneller Kommunizierbarkeit besitzen.

Kapitel 2 Verzweigte Programme

Die Leistungsfähigkeit der EDV zeigt sich dann, wenn ein allgemeines Programm auf unterschiedliche Datensätze angewendet werden kann. Diese Anwendungsbreite läßt sich aber erst erzielen, wenn im Programmablauf "Verzweigungen" möglich sind. Das Programm erkennt zunächst die Eigenschaften des Datensatzes und wählt dann eine passende Alternative. Z.B. ist bei der Berechnung der Einkommensteuer zunächst die richtige Steuerklasse aus dem Alternativkatalog aller Steuerklassen zu bestimmen und danach der Programmablauf auszurichten.

Beim Aufbau der Sprache PASCAL wurde mit der Idee der "strukturierten Programmierung" die Absicht verfolgt, mit einigen wenigen syntaktischen Standardkonstruktionen alle erforderlichen Verzweigungen, Sprünge und Schleifen zu realisieren. Diese Konstruktionen sollen in diesem Kapitel vorgestellt werden. Es handelt sich um die bedingte IF-Verzweigung, die IF-Alternative, die CASE-Figur, die REPEAT-UNTIL-Schleife, die WHILE-DO-Schleife und die FOR-DO-Schleife. Die Absicht, die mit der Verwendung dieser Konstruktionen verfolgt wird, ist die, einfache GOTO-Sprünge im Programm zu vermeiden. GOTO-Sprünge zu verwenden, wird in der Konzeption der "strukturierten Programmierung" als schlechter Programmierstil angesehen, da eine Realisierung aller Verzweigungen und aller Schleifen mit GOTO's zumindest bei grösseren Programmen unübersichtlich wird und eine Fehlerquelle darstellt. Dagegen kann man sich die genannten syntaktischen Konstruktionen als "ordentliche" GOTO's vorstellen. Tatsächlich kann man beim Programmieren in PASCAL ohne einen direkten GOTO-Sprung auskommen, wenn man die, auch als "Kontrollstrukturen" bekannten, Konstruktionen verwendet. Allerdings ist in PASCAL auch ein GOTO-Sprung möglich.

Das Formulieren von Alternativen und das Abfragen von bestimmten Eigenschaften der Daten gehen mit Hilfe von boole'schen Variablen vor sich. Diese werden in § 1 vorgestellt. Dort wird ferner diskutiert, wie die Vergleichsoperationen zu boole'schen "Wahrheitswerten" führen. Die Paragraphen 3 - 7 stellen die verschiedenen Konstruktionen vor, welche die PASCAL-Sprache für Verzweigungen und Wiederholungsstrukturen bietet. Der dazu erforderliche Makro-Befehl wird in § 2 diskutiert.

§1 Boole'sche Variable

Neben den bisher vorgestellten Variablentypen kennt PASCAL den Typ "boolean". Er trägt nur die beiden Werte "true" oder "false" (wahr oder falsch). Variable dieses Typs sind im Deklarationsteil zuvor zu vereinbaren. Nehmen wir an, wir benötigen die vier boole'schen Variablen A, B, C, D, so sind sie wie folgt zu vereinbaren:

```
Var  A,B,C,D: boolean;
```

Boole'sche Variable dienen lediglich dazu, den Ablauf eines Programms zu steuern. Sie können in UCSD-PASCAL nicht mit READ- oder WRITE-Befehlen gelesen oder geschrieben werden. Das TURBO-PASCAL kann sie mit dem WRITE-Befehl ausgeben. Als Operationen mit boole'schen Variablen im Ablaufteil eines Programms kommen nur Zuweisungen, wie

```
A:= true;
oder
B:= false;
```

in Betracht oder logische Verknüpfungen mit Hilfe der reservierten PASCAL-Wörter "AND" und "OR", die dem logischen "und" und "oder" entsprechen, z. B.

```
A:= B AND C;
B:= A OR C;
```

Verknüpfungen mit mehr als zwei Variablen, wie

```
B:= A AND C OR D;
```

sind möglich. Dabei besitzt der Operator "AND" Vorrang vor dem "OR". Es wird aber empfohlen - schon aus Gründen der Lesbarkeit - bei der Verknüpfung von mehr als zwei Variablen Klammern zu setzen, die allein zwei Variable beinhalten:

```
B:= (A AND C) OR D;
```

Die boole'schen Variablen treten primär in den Verzweigungs- und Schleifenkonstruktionen "IF", "REPEAT" und "WHILE" auf; dort steuern sie den Programmfluß.

Außer den direkten Zuweisungen von Wahrheitswerten erhalten boole'sche Variable ihre Werte zugewiesen durch arithmetische Vergleiche. Dieses ist wohl die wichtigste Anwendung dieser Variablen. An arithmetischen Vergleichen verfügt PASCAL über die üblichen Vergleichsoperationen. Um diese zu diskutieren, nehmen wir an, daß wir die real-Variablen r, s, t, u und die integer-Variablen I, J, vereinbart haben.

Arithmetische Vergleiche:

= Prüfen auf Gleichheit zweier Zahlen. Wegen der Probleme mit der internen Genauigkeit des Computers wird empfohlen, diesen Befehl nur mit integer-Zahlen vorzunehmen.[1)]

Beispiel:

A:= I = J ;

Hier wird der boole'schen Variablen A der Wert "true" zugewiesen, wenn I = J ist, sonst "false".

<> Prüfen auf Ungleichheit. Aus Gründen wie oben nur mit integer-Zahlen.

Beispiel:

B:=I <>J;

B erhält den Wert "true", wenn I<>J, sonst "false".

>= Prüfen auf größer oder gleich

Beispiel:

C:= r >= t;

C erhält den Wert "true", wenn r $\geq$ t, sonst "false".

<= Prüfen auf kleiner oder gleich

Beispiel:

D:= s <= u;

D erhält den Wert "true", wenn s $\leq$ u ist, sonst "false".

----

1) Sollen etwa I und J den Wert "3.0" besitzen, sie aber wegen Rundungsfehlern tatsächlich die Werte 2.999 und 3.001 tragen, so wird dem Vergleich I = J der Wert "false" zugewiesen.

\> Prüfen auf größer

Beispiel:

A:= r > s;

A erhält den Wert "true", wenn r > s, sonst "false".

< Prüfen auf kleiner

Beispiel:

B:= s < t;

B erhält den Wert "true", wenn s < t, sonst "false".

Die Vergleichsoperationen können auf Variable vom Typ char und - bei UCSD-PASCAL - vom Typ string ausgedehnt werden. Diese Erweiterungsmöglichkeit liegt darin begründet, daß den Zeichen maschinenintern ganze Zahlen zugeordnet sind (ASCII-Tabelle).[1] Die zu einem Zeichen gehörige ganze Zahl kann mit der ord-Funktion abgefragt werden. (Vgl. Ottmann, Widmayer 1980, S. 42 f). Für Werte der char-Variablen gelten dann folgende Vergleichsbeziehungen:

'0'<'1'<'2'<...<'9'

'A'<'B'<'C'<...<'Z'

'a'<'b'<'c'<...<'z'

sowie '9'<'A' und 'Z'<'a'.

Wendet man diese Ordnungsrelationen auf Werte von Variablen vom Typ string an, so erhält man eine lexikographische Ordnung (vgl. Neumann 1975, S. 47) für strings.

Werden boole'sche Wahrheitswerte mit Vergleichsoperationen erzeugt und zugleich mit den logischen Operatoren "AND" und "OR" logisch verknüpft, so ist eine Klammerung der einzelnen Vergleichsoperationen erforderlich, da ansonsten eine Fehlermeldung erfolgt. So kann

(r < 7) AND (s > 8) nicht

als r < 7 AND s > 8

geschrieben werden; der "AND"-Operator würde sich auf 7 und s beziehen.

----

1) ASCII = American Standard Code for Information Interchange.

§2 Der Makro-Befehl

Die meisten der auch als Kontrollstrukturen bezeichneten syntaktischen Konstruktionen, die verzweigte Programme steuern, beziehen sich auf Makro-Befehle; verschiedene einzelne Befehle werden zu einem Makro-Befehl ("Compound Statement") zusammengefaßt. Die Kontrollstrukturen sind selbst Makros. Bisher hatten wir im Anweisungsteil eines Programms Befehle der Form

- Zuweisung
  Variablen-Name:= formelmäßiger Ausdruck;

- Schreiben
  WRITE(A);

- Lesen
  READLN(A);

kennengelernt. Diese Art von Befehlen kann man als elementare Befehle bezeichnen.

Eine Folge von derartigen elementaren Befehlen lassen sich zu einem Makro-Befehl zusammenfassen. Hierzu sind sie mit dem Paar der beiden reservierten Worte "Begin" und "End" einzuschließen:

```
Begin
  Befehl1;
    :
  Befehl n;
End;
```

An dem Wortpaar "Begin - End" erkennt das System einen Makro-Befehl. Sobald ein "Begin" im Programmtext auftritt, sucht das System zum zugehörigen "End". In diesem Sinne ist der ganze Ausführungsteil eines Programms ein Makro-Befehl.

Im Programmtext wird ein Makro-Befehl visuell hervorgehoben, indem die einzelnen Befehle des Makros eingerückt geschrieben werden. Dadurch erhöht sich die Lesbarkeit des Programms. Auch wird der Bezug des einleitenden Wortes "Begin" zum abschließenden "End" sichtbar.

Diese Technik ist von Bedeutung, sobald mehrere Makros ineinander verschachtelt werden. Dann tauchen innerhalb des übergeordneten Makro-Befehls mehrere "Begin-End"-Paare auf.

Die einzelnen, zu einem Makro-Befehl gehörigen Befehle Befehl1;...Befehln; brauchen aber nicht unbedingt elementare Befehle zu sein, sondern können selbst wiederum Makros sein oder Befehle ("Kontrollstrukturen") zur Steuerung des Programmflusses, die selbst Makros darstellen, wie IF, REPEAT ...UNTIL, CASE, WHILE, FOR...DO.

Von einem "Befehl" sprechen wir zukünftig in allgemeiner Weise, ohne genau zu bestimmen, ob es sich um einen elementaren Befehl, um einen Makro-Befehl oder um eine Kontrollstruktur handelt.

§3 Die IF-Verzweigung

Eine wichtige Technik beim Programmieren ist die der Fallunterscheidung. Eine Antwort auf die Frage, welche Eigenschaften die eingegebenen Daten haben, bestimmt den Ablauf des Programms. Eine Lohnabrechnung hängt ab von der Lohngruppe. Eine Berechnung der Einkommensteuer wird bestimmt von der Höhe des Einkommens und dergleichen mehr.

Eine Fallunterscheidung im Programm herbeizuführen, geschieht mit dem IF...THEN..-Befehl oder dem IF...THEN...ELSE-Befehl. Der IF...THEN...-Befehl bezeichnet eine <u>bedingte</u> Verzweigung. Nur dann, wenn eine vorgegebene Bedingung erfüllt ist, wird der unter THEN stehende Befehl ausgeführt. Hingegen stellt der IF...THEN...ELSE...-Befehl eine Alternative mit zwei Möglichkeiten dar. Wenn eine vorgegebene Bedingung erfüllt ist, wird der unter THEN stehende Befehl ausgeführt. Andernfalls wird der unter ELSE stehende Befehl aktiviert.

Mit Hilfe einer boole'schen Variablen B können wir die Syntax der bedingten IF-Verzweigung wie folgt erläutern:

IF B THEN <u>Befehl</u>;

Wenn die Variable B den Wert true hat, wird der <u>Befehl</u> ausgeführt.

Syntaktisch ist diese Verzweigung ein (Makro-)Befehl. Er wird mit einem Semikolon abgeschlossen. Anstelle der Variable B kann auch ein boole'scher Wahrheitswert stehen, der mit einer Vergleichsoperation gewonnen wird:

```
IF r >100 THEN Befehl;
```

Als Befehl kann ein beliebiger, also auch Makro-Befehl stehen.

```
 1: PROGRAM fiskus;  {Einkommensteuer - Berechnung}
 2: VAR  eink , steu : real;
 3: BEGIN
 4:   writeln('Bitte geben Sie das Einkommen an:');
 5:   readln(eink);
 6:   writeln('Einkommen ist gleich  ',eink);
 7:   IF (eink <=  500)                          THEN steu :=    0;
 8:   IF (eink >   500) AND (eink <=  1000) THEN steu :=  100;
 9:   IF (eink >  1000) AND (eink <= 10000) THEN steu :=  500;
10:   IF (eink > 10000)                          THEN steu := 2000;
11:   writeln('Die Steuer betraegt: ',steu,' DM.')
12: END.
```

Listing des Programms FISKUS

Als Beispiel betrachten wir das Programm Fiskus, das nach einer fiktiven Progression die Steuerschuld in Abhängigkeit vom Einkommen berechnet. Dabei wird die Höhe des Einkommens interaktiv eingegeben. Die unter THEN stehenden Befehle sind in diesem Programm einfache Zuweisungen der Variablen STEU. Interessant an diesem Programm ist, daß die Bedingung, welche die IF-Verzweigung steuert, mit dem logischen "and" zusammengesetzt werden können (vgl. Programmzeilen 8 und 9). In den Programmzeilen 7-10 werden mit den Vergleichsoperationen vier Stufen des Einkommens gebildet: kleiner oder gleich 500 DM, zwischen 500 und 1000 DM, zwischen 1000 und 10 000 DM und über 10 000 DM. In Abhängigkeit von der Höhe des interaktiv eingegebenen Einkommens, ist eine dieser Einkommensstufen als logische Bedingung einer IF-Verzweigung wahr und die entsprechende Steuerschuld wird der Variablen STEU zugewiesen.

Als nächstes Beispiel für die bedingte IF-Verzweigung betrachten wir das Programm Zeichen. Es verarbeitet Zeichenketten (strings). Zwei strings s und t werden interaktiv in den Zeilen 6, 7 und 11, 12 eingegeben. Mit Hilfe dieser strings wird das Wirken der ver-

```
 1: PROGRAM zeichen;
 2: VAR s,t,w   : string;
 3:     a,b,c,d : char;
 4:     i       : integer;
 5:     BEGIN
 6:       writeln('Gebe eine "lange" Zeichenfolge s ein (<80 Zeichen):');
 7:       readln(s);
 8:       writeln;
 9:       i := length(s);
10:       writeln('Die Laenge der Zeichenfolge s betraegt ',i,'  Zeichen.');
11:       writeln('Gebe eine "kurze" Folge t ein:');
12:       readln(t);
13:       writeln;
14:       writeln('Die kurze Folge t ist in der langen Folge s an der Position');
15:       writeln(pos(t,s),'  enthalten.');
16:       writeln;
17:       IF 7<i THEN
18:          BEGIN
19:          b:=s[7];
20:          a:=s[i-1];
21:          writeln('Das Zeichen im String s an der 7.Stelle ist gleich ',b);
22:          writeln('Das Zeichen im String s an der vorletzten Stelle ist ',a);
23:          END;
24:       IF 2<length(t)
25:          BEGIN
26:          d:=t[2];
27:          writeln('Das Zeichen im String t an der 2. Stelle ist gleich ',d);
28:          END;
29:       writeln('Nun wird das erste Wort des String s mit der String-Prozedur ');
30:       writeln('DELETE gestrichen. Dazu wird das erste Blank in s aufgesucht:');
31:       w:= ' ';
32:       i:=pos(w,s);
33:       delete(s,1,i);
34:       writeln(s);
35:       writeln;
36:       writeln('Nun wird der gekuerzte String s und String t mit der ');
37:       writeln('String - Funktion CONCAT zusammengefuegt.');
38:       writeln;
39:       writeln(concat(s,t));
40:     END.
```

Listing des Programms ZEICHEN

schiedenen Operationen LENGTH, DELETE und CONCAT vorgeführt. [1] In Zeile 9 wird die Länge des strings s berechnet, in Zeile 15 die Position des kurzen strings t in dem langen string s bestimmt, in den Zeilen 19 und 20 werden die Zeichen an 7. Stelle und vorletzter Stelle im string s bestimmt, in Zeile 26 das Zeichen an 2. Stelle im string t, in Zeile 32 wird das erste Auftreten eines Leerzeichens im string s bestimmt und damit das erste, durch das Leerzeichen bestimmte Wort im string s gestrichen. Dies geschieht mit der string-Prozedur DELETE in Zeile 33. In Zeile 39 werden beide strings, s und t, zu einem string zusammengefügt.

Die bedingte IF-Verzweigung tritt im Programm ZEICHEN zweimal auf, einmal in Zeile 17 und dann in Zeile 24. Nur dann, wenn die

----

1) Siehe das Manual, 1981, p . 195, 197, 205, 212, sowie Niemeyer, p. 150s., TURBO-Manual, 1983, P. 67-70.

Länge von s größer als 7 ist, werden in Zeilen 19 und 20 die Zeichen an den Stellen 7 und i-1 festgestellt und den Variablen a und b zugewiesen. Der Befehl für die bedingte IF-Verzweigung in Zeile 17 ist ein Makro-Befehl, der vom BEGIN in Zeile 18 und vom END in Zeile 23 definiert wird.
In der bedingten IF-Verzweigung von Zeile 24 läuft der zugehörige Makro-Befehl von Zeile 25 bis 28. Er wird nur dann aktiviert, wenn die Länge des strings t größer als 2 ist. Interessant an dieser Bedingung ist, daß die string-Funktion LENGTH direkt Einzug halten kann in die logische Bedingung der IF-Verzweigung.

Mit Hilfe der IF-Verzweigung können wir den Nachteil der WRITE-Anweisung in UCSD-PASCAL umgehen, keine Werte von boole'schen Variablen auszugeben. Wollen wir derartiges tun, etwa um den Programmablauf zu dokumentieren, so können wir uns folgendermaßen behelfen. Für eine boole'sche Variable B formulieren wir eine IF-Verzweigung, in deren THEN-Zweig eine WRITE-Anweisung steht, die einen string ausgibt:

```
IF B THEN  WRITE('B hat den Wert true');
```

Von der bedingten IF-Verzweigung ist die zweiseitige IF-Alternative zu unterscheiden. Die Syntax der IF-Alternative lautet:

```
IF B THEN Befehl1 ELSE Befehl2;
```

Wenn die boole'sche Variable B den Wahrheitswert "true" besitzt, so wird der Befehl1 ausgeführt. Wenn B den Wahrheitswert "false" besitzt, wird der Befehl2 ausgeführt. Die beiden Befehle, Befehl1 und Befehl2, können wiederum Makro-Befehle sein. Hinzuweisen ist darauf, daß nach Befehl1 kein (trennendes) Semikolon stehen darf. Vielmehr wird vom System die IF-Alternative als ein zusamenhängender Makrobefehl aufgefaßt. Daher steht am Ende dieses Makros das abschließende Semikolon. Das fehlende Semikolon nach dem Befehl1 unter dem THEN unterscheidet die IF-Alternative von der bedingten IF-Verzweigung.

Als Beispiel für die zweiseitige IF-Alternative können wir uns das Programm Automat anschauen. Es simuliert die Hartgeldrückgabe an einer Kasse, indem die Differenz zwischen entrichtetem Betrag (in einem Vielfachen von 10 DM) und Kaufpreis in Hartgeld zurückgegeben wird. Bei der Hartgeldausgabe beschränken

```
PROGRAM automat;
{ ermittelt Rest = entrichteter Betrag - Kaufpreis
  und gibt diesen Rest in 5 - / 2 - / 1 - DM Stuecken aus}


VAR
  preis , betrag , faktor : integer;

BEGIN

  writeln('Geben Sie den ganzzahligen Preis der Ware ein.');
  readln(preis);
  writeln('Sie bezahlen in der Form : f * 10.00 DM.');
  writeln('Geben Sie den Faktor f ein.');
  readln(faktor);

  betrag := faktor * 10;

  IF betrag < preis
     THEN writeln('Sie erhalten eine Mahnung : Der Betrag ist zu klein.')
     ELSE BEGIN
            betrag := betrag - preis;
            writeln('Sie erhalten zurueck :'); writeln;

            faktor := betrag DIV 5     ;
            betrag := betrag - 5*faktor;
            writeln(faktor:3,' - 5 DM Stuecke'); writeln;

            faktor := betrag DIV 2     ;
            betrag := betrag - 2*faktor;
            writeln(faktor:3,' - 2 DM Stuecke'); writeln;

            faktor := betrag;
            writeln(faktor:3,' - 1 DM Stuecke'); writeln
          END;

 END. {automat}
```

Listing des Programms AUTOMAT

wir uns auf 5 -,2 -,und 1 -,DM-Stücke. Der Kaufpreis wird interaktiv in Zeilen 11 und 12 eingegeben, der entrichtete Betrag in Zeilen 14 und 15.
In den Zeilen 19 bis 35 folgt eine IF-Alternative, wobei die eigentliche Berechnung der Münzenstückelung in dem ELSE-Zweig der Alternative steht (Zeile 21 - 35). Der THEN-Zweig der Alternative steht nur für den Fall, daß zu wenig bezahlt worden ist. Dann ist die Bedingung unter IF wahr, daß nämlich Betrag < Kaufpreis ist. Dann erhält der Käufer eine Mahnung in Zeile 20.
An diesem Beispiel sehen wir die Anwendungsmöglichkeiten der IF-Alternative. Bei den zu bearbeitenden Daten ist stets eine der beiden Möglichkeiten zutreffend

```
betrag < preis      ist "true"
   oder
betrag < preis      ist "false"
```

Je nach dem Wert der Steuervariablen (betrag < preis) wird eine bestimmte Form gewählt, die Daten zu bearbeiten: Entweder Mahnung oder eine Hartgeldstückelung.
Die eigentliche Berechnung der Hartgeldstückelung erfolgt in dem ELSE-Zweig der IF-Alternative in Zeile 21. Es handelt sich dort um einen Makro-Befehl, der von Zeile 21 bis 35 läuft.

§4 Die REPEAT-Schleife

Die REPEAT-UNTIL-Schleife ist eine Konstruktion, die es erlaubt, ein Programmstück solange zu wiederholen ("repeat"), bis (d.h. "until") der manipulierte Datensatz gewissen Bedingungen entspricht. Diese Bedingungen werden mit Hilfe einer boole'schen Variablen, zum Beispiel B, formuliert. Ist B true, so wird die Konstruktion verlassen. Die Abbildung 12 zeigt das Schema dieser Konstruktion, deren Syntax folgendermaßen lautet:

```
REPEAT
Befehl1;
:
Befehln;
UNTIL B;
```

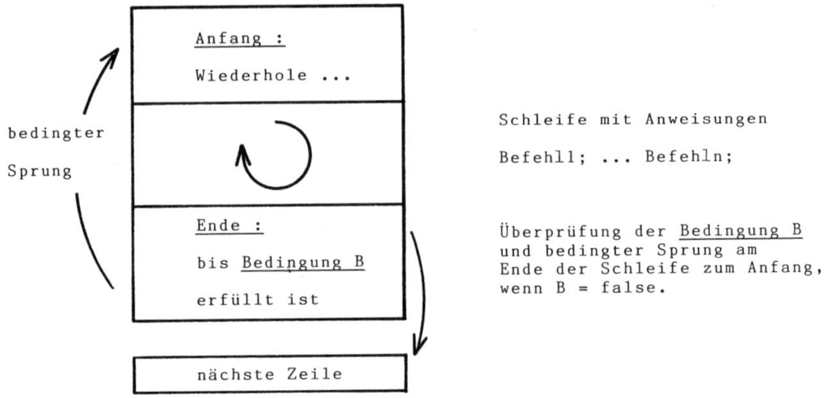

Abb. 12: Das Schema der REPEAT – UNTIL – Schleife

Die zwischen dem Paar von reservierten Pascal-Worten REPEAT und UNTIL stehenden Befehle Befehl1;...Befehln; werden durch die REPEAT-UNTIL-Konstruktion zu einem Makro-Befehl zusammengefaßt. Der Programmfluß springt von der Zeile "UNTIL" zur Zeile "REPEAT" zurück, wenn die boole'sche Variable B den Wert false trägt. Andernfalls wird die REPEAT-Schleife verlassen und in der nächsten Programmzeile fortgefahren.

Damit diese Schleife überhaupt verlassen werden kann, muß dafür gesorgt sein, daß B auch den Wert true erhalten kann. D.h. entweder muß für B eine Vergleichsoperation stehen, die den Datensatz, der in der Schleife steht, überprüft und einen boole'schen Wert erzeugt oder es muß in einem der letzten Befehle der Schleife der Variablen B ein Wert zugewiesen werden. Ein wichtiges Anwendungsfeld der REPEAT-Schleife ist die interaktive Programmbenutzung. Wenn ein Programm, etwa das oben besprochene Programm AUTOMAT, am Ende angelangt ist, kann der Benutzer entscheiden, ob er einen neuen Programmlauf wünscht. Normalerweise muß er dann mit dem execute-Befehl auf der Systemebene das Programm neu starten.Statt dessen kann am Ende des Programms eine Abfrage stehen, die auf den Bildschirm projiziert wird. Etwa: "Wünschen Sie einen neuen Programmlauf?" Beim Programm AUTOMAT1 ist diese Abfrage in Zeile 40 realisiert mit einem WRITELN-Befehl:

"Ein neuer Versuch(y/n)?"

Wünscht der Benutzer einen neuen Programmlauf, so gibt er y ein (y=yes[1]). Diese Eingabe von 'y' wird in der folgenden Zeile mit einem READLN-Befehl der Variablen Antwort zugewiesen. In der logischen Bedingung unter UNTIL in Zeile 42 wird die Variable Antwort verglichen mit dem Zeichen 'n'. Der boole'sche Wert ist false, und der Programmfluß springt zurück zum reservierten PASCAL-Wort REPEAT in Zeile 12. Der Programmablauf beginnt von Neuem.Antwortet dagegen der Benutzer mit n (n=nein), so ist die boole'sche Bedingung unter UNTIL wahr und das Programm endet. Auf diese Weise können viele der bisher vorgestellten Programm mit einem Wiederholvorgang ausgestattet werden.

```
 1: PROGRAM automat1;
 2: { ermittelt Rest = entrichteter Betrag - Kaufpreis
 3:   und gibt diesen Rest in 5 - / 2 - / 1 - DM Stuecken aus}
 4:
 5:
 6: VAR
 7:   preis , betrag , faktor : integer;
 8:   antwort : char;
 9:
10: BEGIN  {automat1}
11:
12: REPEAT
13:
14:   writeln('Geben Sie den ganzzahligen Preis der Ware ein.');
15:   readln(preis);
16:   writeln('Sie bezahlen in der Form : f * 10.00 DM.');
17:   writeln('Geben Sie den Faktor f ein.');
18:   readln(faktor);
19:
20:   betrag := faktor * 10;
21:
22:   IF betrag < preis
23:      THEN writeln('Sie erhalten eine Mahnung : Der Betrag ist zu klein.')
24:      ELSE BEGIN
25:             betrag := betrag - preis;
26:             writeln('Sie erhalten zurueck :'); writeln;
27:
28:             faktor := betrag DIV 5     ;
29:             betrag := betrag - 5*faktor;
30:             writeln(faktor:3,' - 5 DM Stuecke'); writeln;
31:
32:             faktor := betrag DIV 2     ;
33:             betrag := betrag - 2*faktor;
34:             writeln(faktor:3,' - 2 DM Stuecke'); writeln;
35:
36:             faktor := betrag;
37:             writeln(faktor:3,' - 1 DM Stuecke'); writeln
38:           END;
39:
40:        writeln('Ein neuer Versuch (y/n) ?');
41:        readln(antwort)
42:  UNTIL antwort = 'n';
43:
44: END.  {automat1}
```

Listing des Programms AUTOMAT1

----

1) Da verschiedene Systembefehle auch die Abfrage (y/n)? benutzen, kann eine durchaus auch mögliche Verwendung des Buchstaben j (j = ja) anstelle von y beim Benutzer zu Verwechslungen führen, wenn er Systembefehle ausführen will. Daher wird der Buchstabe y empfohlen.

§5 Die WHILE-Schleife

Bei der WHILE-Schleife wird - ähnlich der REPEAT-Schleife - ein Programmstück solange wiederholt durchlaufen, bis eine Bedingung erfüllt ist. Dann wird die Schleife verlassen. Nur ist im Unterschied zur REPEAT-Schleife hier der Aufbau der Schleife anders (s. Abb. 13). Die boole'sche Bedingung wird am Anfang der Schleife überprüft, und die Schleife wird solange wiederholt, wie die Bedingung den Wert TRUE besitzt. Die Syntax der WHILE-Schleife lautet (formuliert mit einer boole'schen Variablen B):

WHILE B DO Befehl;

Wenn B den Wert TRUE besitzt, wird der nach dem reservierten PASCAL-Wort DO stehende Befehl ausgeführt und wieder zurück zum Anfang der WHILE-Schleife gesprungen. Damit diese Konstruktion Sinn hat, wird stillschweigend angenommen, daß mit dem Befehl auch die Bedingung B - nach endlich vielen Wiederholungen der WHILE-Schleife - den Wert FALSE zugewiesen bekommt. Ansonsten kann die Schleife nicht mehr verlassen werden.

Anstelle des Befehls kann auch ein Makrobefehl stehen, der einzelne Befehle enthält, die z.B. den Wahrheitswert von B manipulieren und so ein Verlassen der Schleife ermöglichen.

Da bei der WHILE-Schleife die boole'sche Variable B am Anfang der Schleife steht, wird, wenn im Programmablauf die WHILE-Schleife aktiviert wird, der unter DO stehende Befehl möglicherweise gar nicht ausgeführt, nämlich dann, wenn B den Wert FALSE trägt. Diese Eigenart unterscheidet die WHILE-Konstruktion von der REPEAT-Konstruktion, die mindestens einmal durchlaufen wird. Die WHILE-Schleife findet eine häufige Anwendung beim Lesen und Schreiben von Text-Files, und zwar in Verbindung mit den boole'schen Dateivariablen EOF und EOLN. (vergl. Kapitel 5)

Als Beispiel für die Anwendung der WHILE-Schleife betrachten wir das Programm STRING1. In ihm wird ein string s, der interaktiv eingegeben wird, darauf untersucht, wieviele Zeichen 'n' in ihm auftreten und das Ergebnis in Zeile 11 ausgegeben. In einer WHILE-Schleife werden alle Stringpositionen S[i] auf S[i] = 'n' überprüft (Zeile 9), wobei der Zähler i von 1 bis length(s)

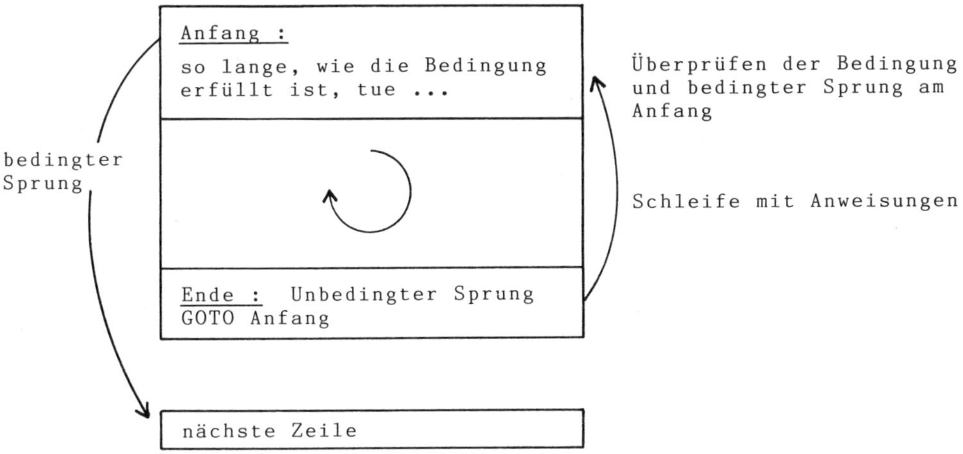

Abb. 13: Das Schema der WHILE – DO – Schleife

fortgeschrieben wird. Die logische Bedingung, welche die WHILE-Schleife steuert ist i ≤ length(s). Solange diese Bedingung wahr ist, wird die Überprüfung des strings fortgesetzt.

```
PROGRAM string1;
{zaehlt die Anzahl der "n" im String s}
VAR  s : string;  i,n : integer;
BEGIN
  writeln('Geben Sie einen String ein.');
  readln(s);  i := 1;  n := 0;
  WHILE i<= length(s) DO
  BEGIN
    IF s[i] = 'n' THEN n := n + 1;  i := i + 1;
  END;
  writeln('Der String enthaelt ',n:3,' "n"');
END.
```

Listing des Programms STRING1

§6 Die FOR-Schleife

Überall dort, wo wir es mit indizierbaren Variablen zu tun haben, wie z.B. Strings oder Arrays (Matrizen), ist die Programmiertechnik mit der FOR-Schleife von Bedeutung. Eine Matrix soll z.B. Zeile für Zeile manipuliert werden. Also sind deren Zeilen nacheinander zu aktivieren. Oder der String

S:= 'FORDOSCHLEIFE'

soll daraufhin untersucht werden, ob in ihm das Zeichen 'A' auftritt. Dann wären alle Stringelemente, also alle indizierbaren Positionen

S[I]

daraufhin zu überprüfen, ob der Vergleich S[I] = 'A' den Wert TRUE oder FALSE besitzt. Die Indexvariable I ist dabei vom Typ integer und muß den Bereich I:=1 bis I:= LENGTH (S) durchlaufen. Dieser "Durchlauf" der Indexvariablen erfordert deren Verwaltung im Programm, wie wir uns leicht klar machen können: Die Indexvariable ist zunächst zu initialisieren, I:= 1; nach jedem Vergleich ist sie zu inkrementieren, I:= I+1; und zu überprüfen, ob Zählgrenze LENGTH (S) bereits überschritten ist. Wenn das der Fall ist, wird der Vergleich beendet.

Diese Verwaltung von Indexvariablen übernimmt die FOR-Schleife. Damit erleichtert sie die Formulierung von Programmstücken, in denen Index- oder Zählvariable über einen vorgeschriebenen Bereich durchgezählt werden müssen.

Die Syntax der FOR-Schleife hat die Form:

```
FOR I:= ANFANG TO ENDE DO Befehl;
```

Die Variable I ist die Zählvariable und vom Typ integer oder char [1], zumeist vom Typ integer. ANFANG und ENDE sind die Bereichsgrenzen, in denen die Zählvariable läuft. Sie sind vom gleichen Typ wie I. Nehmen wir zunächst an, daß für deren Werte gilt: ANFANG<ENDE. Dann erhält I als ersten Wert den Wert ANFANG, und für diesen Wert wird der unter DO stehende Befehl ausgeführt.

Dann wird der Wert von I mit dem Nachfolger des Wertes ANFANG versehen, also I + 1 im Falle integer, (oder der auf ANFANG folgende Buchstabe), und der Befehl wird erneut ausgeführt usw., bis I einen Wert erhält, der größer als der Wert ENDE der Bereichsgrenze ist. Dann wird die FOR-Schleife verlassen.

Ist ANFANG = ENDE, so wird die Schleife genau einmal mit dem Wert I:= ANFANG durchlaufen. Ist ANFANG > ENDE, so wird die Schleife überhaupt nicht durchlaufen (Clark u. Koehler, 1982,

----

1) Allgemein sind scalare oder subrange Typen möglich. (Siehe Clark und Koehler, 1982, p. 130).

p. 130, TURBO-Manual, 1983, p. 59). Nachdem die Schleife durchlaufen worden ist, besitzt die Zählvariable I einen unbestimmten Wert. Im folgenden Programmteil darf daher nicht vorausgesetzt werden, daß etwa I den Wert ENDE trägt.

Für die beiden Größen ANFANG und ENDE können entweder explizite Werte ihres Typs stehen, wie

```
FOR I:= 'D' TO 'K' DO Befehl;
```

oder es können dort Variablennamen ihres Typs stehen. Es sind auch beide Fälle möglich, wie

```
FOR I:= 7 TO Variablenname DO Befehl;
```

Vor dem Eintritt in die FOR-Schleife ist aber den Variablennamen ein Wert zuzuweisen. Schließlich können für die beiden Größen ANFANG und ENDE auch formelmäßige Ausdrücke stehen, die dann aber zu klammern sind, damit die Syntax der FOR-Schleife erhalten bleibt.

```
PROGRAM string2;
{zaehlt die Anzahl der "n" im String s}
VAR  s : string;  i,n : integer;
BEGIN
  writeln('Geben Sie einen String ein.');
  readln(s);  n := 0;
  FOR i := 1 TO length(s) DO
      IF s[i] = 'n' THEN n := n + 1;
  writeln('Der String enthaelt ',n:3,' "n"');
END.
```

Listing des Programms STRING2

Als Beispiel für die Anwendung der FOR-Schleife betrachten wir das Programm STRING2. Es hat die gleiche Aufgabe wie STRING1, nämlich die Anzahl der Zeichen 'n' in einem string s festzustellen. Nur wird hier die Überprüfung S[i]= 'n' in einer FOR-Schleife ausgeführt und nicht in einer WHILE-Schleife. Daher braucht hier auch nicht die Inkrementierung i:=i+1 vorgenommen zu werden. Dies erledigt die FOR-Schleife von selbst.

§7 Die CASE-Figur

Während die IF-Alternative die Auswahl unter bloß zwei Alternativen zuläßt, ist die CASE-Figur allgemeiner. Mit ihr können beliebig viele Alternativen oder Fälle formuliert werden. Die steuernde Variable ist nicht mehr vom Typ boolean - der nur zwei Werte zuläßt - sondern vom Typ integer oder char. Weitere Typen sind möglich, sollen aber hier nicht diskutiert werden.[1)]

Die Syntax der CASE-Figur lautet folgendermaßen, wenn wir von einer integer-Variablen I ausgehen und die Fälle I=1, I=2, ... I=5 unterscheiden wollen:

```
CASE I  OF
1: Befehl1;
2: Befehl2;
:
5: Befehl5;
END;
```

Die zu den Fällen gehörigen Variablenwerte 1, 2, ...5 werden in einer Kolonne aufgelistet, gefolgt jeweils von einem Doppelpunkt und dem zugehörigen Befehl, abgeschlossen mit dem Semikolon. Der Befehl kann ein Makro-Befehl sein. Die gesamte CASE-Figur wird mit einem END und einem Semikolon abgeschlossen.

Auffallend ist hier, daß das END mit keinem einleitenden BEGIN korrespondiert, wie sonst in PASCAL üblich. Vielmehr bezieht sich das END auf das CASE. Wird die CASE-Figur mit einem Wert für die Steuervariable I aktiviert, deren Wert außerhalb der angebotenen Alternativen liegt, so wird die gesamte CASE-Figur ignoriert und übersprungen. In diesem Verhalten unterscheiden sich das UCSD-Pascal und TURBO-PASCAL vom Standardpascal.

Andernfalls, wenn der Wert der Steuervariable I einem der unter den Alternativen angebotenen Werte entspricht, so wird der Befehl der betreffenden Alternative aktiviert.

Das TURBO-PASCAL hat die Besonderheit, daß die CASE-Figur mit einem ELSE-Zweig ausgestattet werden kann. Dieser Zweig wird dann aktiviert, wenn die Steuervariable nicht den angebotenen Alternativen entspricht.

----

1) Scalare Typen und subranges (vgl. Clark u. Koehler, 1982, p. 126, und TURBO-Manual, 1983, p. 57).

Das Programm VOKALE gibt ein Beispiel für die Anwendung der CASE-Figur. Es ermittelt die Häufigkeit der Vokale in einem string. Wie bei den Programmen STRING1 und STRING wird auch hier jede Position s[pos] des Strings s auf das Auftreten eines Vokales überprüft. Dies geschieht in einer FOR-Schleife von Zeile 12-19. Der zur FOR-Schleife gehörende Befehl ist die CASE-Figur von Zeile 13-19. In ihr werden zu den Vokalen gehörende Groß- und Kleinbuchstaben zu jeweils einem Fall zusammengefaßt. Die Größen a,e,i,o,u, sind integer-Variable und die den Vokalen zugeordnete Zähler.

```
 1: PROGRAM vokale;
 2: { ermittelt die Anzahl der Vokale in einem String }
 3:
 4: VAR
 5:   s : string;
 6:   pos , a , e , i , o , u : integer;
 7:
 8: BEGIN
 9:   writeln('Geben Sie einen String ein ! ');
10:   readln(s);
11:   a:=0; e:=0; i:=0; o:=0; u:=0;
12:   FOR pos := 1 TO length(s) DO
13:       CASE s[pos] OF
14:            'A','a' : a := a + 1;
15:            'E','e' : e := e + 1;
16:            'I','i' : i := i + 1;
17:            'O','o' : o := o + 1;
18:            'U','u' : u := u + 1
19:            END; { CASE - Figur }
20:   writeln('Im String sind enthalten : ');
21:   writeln(a:2,'*A , ',e:2,'*E , ',i:2,'*I , ',o:2,'*O , ',u:2,'*U .')
22: END. { vokale }
```

Listing des Programms VOKALE

Kapitel 3 Strukturierte Datentypen: ARRAYs

Von der Vielzahl strukturierter Datentypen, die PASCAL bietet, wollen wir hier als Auswahl die ARRAYs (Felder) behandeln, die auch eine breite Anwendung für das Programmieren besitzen. Mit den Variablen vom Typ STRING haben wir bereits eine besondere Form von ARRAYs kennengelernt. Es handelt sich dabei um eine indizierbare Variable, allerdings mit der Einschränkung, daß nur mit einem Index indiziert werden kann, daß die Feldelemente vom Typ char sind und daß der STRING im allgemeinen eine begrenzte Länge von maximal 80 Zeichen besitzt. Mit dem Variablentyp ARRAY können wir allgemeine Felder aufbauen: Die Zahl der Indizes kann beliebig, die Feldelemente können von beliebigen Typ sein [1], und die "Länge" des Feldes, d.h. dessen Achsenlängen, kann frei bestimmt werden. Ein wichtiges Anwendungsgebiet der ARRAYs ist die Darstellung von Matrizen und Tabellen (vgl. Ottmann und Widmayer, 1980, S. 104 f).

Variablen als ARRAYs zu vereinbaren erfordert zunächst, einen neuen Datentyp im Deklarationsteil des Programms zu vereinbaren. Die bisher kennengelernten Datentypen - real, integer, char und string - sind Standardtypen in PASCAL und brauchen daher nicht besonders deklariert zu werden. Anders ist es bei den höheren Datentypen, deren Form vom Benutzer gestaltet und daher im Programm festgelegt werden muß. Wir lernen nun einen neuen Eintrag in den Deklarationsteil des Programms kennen: die Typendeklaration. Sie erfolgt vor der Variablendeklaration. Die Syntax der Typenvereinbarung für ein ARRAY lautet:

```
TYPE Typenname =
ARRAY [Indexbereich1, Indexbereich2, ... Indexbereichn] OF Grundty
```

Der Name des Daten-Typs, d.h. der Typenname, ist nach den Regeln der Namensgebung festzulegen. Als Grundtyp kann man unter den bisher besprochenen Typen INTEGER, REAL, CHAR, BOOLEAN, STRING frei wählen. Je nachdem enthält das einzelne Feldelement des ARRAYs eine Variable dieses Typs. Die Indexbereiche sind entweder vom Typ inte-

----
1) Bei UCSD-PASCAL mit Ausnahme des Typs file (Clark u. Koehler, 1982, p. 66).

ger oder char festzusetzen. Dabei ist für jeden Indexbereich eine untere und obere Grenze, zwischen denen der Index sich bewegen soll, zu bestimmen. Untere und obere Grenze sind mit jeweils zwei Punkten zu trennen, so daß die Deklaration lautet:

```
TYPE Typenname =
       ARRAY [UG1..OG1, UG2..OG2,.., UGn..OGn]  OF Grundtyp;
```

UG bzw. OG steht für untere bzw. obere Grenze.

Von Bedeutung ist hier, daß die unteren und oberen Grenzen explizite Werte der Indexbereichstypen sein müssen (oder zuvor deklarierte Konstanten[1]), nicht aber an deren Stelle Variablennamen stehen dürfen. Das bedeutet, daß die Feldgrenzen von ARRAYs nicht dynamisch vereinbart werden können. Dieser Punkt erweist sich in der Praxis als hinderlich, wenn die ARRAYgröße vom Programmablauf abhängen soll. Man muß sich dann damit behelfen, die ARRAYs von vornherein so groß festzulegen, daß auch in Ausnahmefällen große Datenmengen von den ARRAYs aufgenommen werden können. Auf jeden Fall ist aber der Benutzer des Programms auf die Grenze des Dateninputs hinzuweisen. Einige Großrechnerimplementationen weisen jedoch dynamische Feldgrenzen auf, die weder im Standard-PASCAL noch im Mikrocomputer-PASCAL vorgesehen sind.

Nachdem der Datentyp ARRAY unter der Typenvereinbarung TYPE festgelegt worden ist, sind Variable dieses Datentyps unter der Variablendeklaration VAR zu vereinbaren, damit im Ablaufteil des Programms Variable dieses Typs zur Verfügung stehen.

Als Beispiel vereinbaren wir eine Matrix von 5 Zeilen und 7 Spalten mit reellen Komponenten:

```
TYPE AMAT = ARRAY [1..5, 1..7] OF REAL;
VAR  ---
     ---
     ---
     MATRIX: AMAT;
```

----

1) Die Deklaration von Konstanten erfolgt im UCSD-PASCAL vor der Typendeklaration, siehe Clark und Koehler, 1982, p. 104. Im TURBO-PASCAL ist der Aufbau des Deklarationsteils in seiner Reihenfolge beliebig, siehe TURBO-Manual, 1983, p. 45.

Der Typenname der ARRAYs ist AMAT. Der Name der Variablen, die eine 5x7-Matrix darstellt, ist MATRIX. Sie ist vom Typ AMAT.

Nachdem wir die Deklaration eines ARRAYs kennengelernt haben, wollen wir uns den Operationen zuwenden, die wir mit ARRAYs ausführen können. Zunächst die Indexoperationen. Im Anweisungsteil des Programms können wir die einzelnen Elemente der ARRAYs (Feldelemente) ansprechen, indem wir deren Indizes festlegen Einer real-Variablen r können wir etwa den Wert des Feldelements in Zeile 3 und Spalte 6 übergeben durch eine Zuweisung:

```
r:= MATRIX [3,6];
```

Oder umgekehrt kann der Wert einer real-Variablen s einem Feldelement zugewiesen werden, etwa dem in der 5.Zeile und 7.Spalte:

```
Matrix[5,7]:=s;
```

Die Indizes selber können explizite Werte darstellen, wie in den beiden obigen Beispielen oder es können Variable des Index-Typs eingesetzt werden, wie

```
Matrix[I,J];
```

oder auch formelmäßige Ausdrücke, die jedoch geklammert sein müssen, um die Syntax der Indizierung zu erhalten.

Weitere Operationen mit ARRAYs:

Nehmen wir an, daß zwei ARRAYs A und B vorliegen, die übereinstimmen hinsichtlich Grundtyp und der Indexbereiche. Dann sind als Operation die drei Möglichkeiten gegeben:

- zwei Boole'sche Vergleiche[1)]
  ```
  A <> B;
  A  = B;
  ```
- die Wertzuweisung
  ```
  A:=B;
  ```

Andere Operationen sind nicht möglich.

Insbesondere sei darauf hingewiesen, daß die WRITE-Anweisung keine Variable vom Typ ARRAY direkt ausgeben kann (wohl aber

----
1) Hier dürfen die ARRAYs nicht "gepackt" sein.

vom Typ string, wie wir von Kapitel 1 wissen). Um ein ARRAY auf dem Bildschirm oder dem Drucker auszugeben, müssen wir die einzelnen Feldelemente ansprechen und einzeln ausgeben. Wollen wir etwa die Werte der oben vereinbarten Variable Matrix (eine 5x7-Matrix) ausgeben, so muß das zugehörige Programmstück lauten:

```
FOR I: = 1 TO 5 DO
BEGIN
FOR Y: = 1 TO 7 DO WRITE (Matrix[I,J]);
WRITELN;
END;
```

Vergleichbar verhält sich die READ-Anweisung. Auch sie kann Variable vom Typ ARRAY nicht als geschlossene Größe lesen, sondern bloß deren Feldelemente einzeln.

Kapitel 4 Modulares Programmieren mit Prozeduren und Funktionen

Beim Formulieren von Programmen wird man leicht bemerken, daß gleichartige Programmteile an verschiedenen Stellen des Programms auftreten. Denken wir an das im vorausgegangenen Kapitel angesprochene Problem, Matrizen mit der WRITE-Anweisung auszugeben. Hierzu wurden fünf Programmzeilen benötigt. Wird im Programmablauf häufiger die Ausgabe von Matrizen benötigt, so liegt es nahe, für dieses Problem ein eigenes "Unterprogramm" zu schreiben, das dann an den entsprechenden Stellen eingesetzt werden kann.

Derartige Problemstellungen treten bei Programmen vielfach auf. Nicht alleine Probleme der Datenausgabe lassen sich mit Unterprogrammen formulieren, ebenso Probleme der Eingabe von Daten, dabei auch deren Überprüfung, sowie spezielle Verarbeitungsroutinen.

Allgemeiner gesprochen kann mit der Technik der Unterprogramme ein gegebenes Programmierungsproblem in verschiedene Teilprobleme zerlegt werden und jedes Teilproblem zunächst separat formuliert werden. Diese Strategie besitzt den Vorteil, die Komplexität der Fragestellung zu reduzieren, sie überschaubarer zu gestalten. Auch können Fehler in den Teilprogrammen leichter erkannt werden, da sie separat getestet werden können. Der Schreibaufwand sinkt, da das Programmstück nur einmal formuliert werden muß. Allein daraus ergibt sich eine weitere Reduktion von Fehlermöglichkeiten. Schließlich steigt die Übersichtlichkeit des Gesamtprogramms an; die einzelnen Teilprobleme erscheinen nicht mehr im Detail. Ferner können mit der in Kapitel 7 dargestellten Bibliotheks-Technik gleiche Programmteile in verschiedenen Programmen verwendet werden.

§1 Prozeduren

Als Prozedur wird im PASCAL ein Programmteil bezeichnet, das alle Eigenschaften eines eigenständigen Programms aufweist - ein Unterprogramm als Teil eines Hauptprogramms. Eine Prozedur umfaßt also eine bestimmte Folge von Anweisungen. Unter dem Prozedurnamen werden diese Anweisungen zusammengefaßt - ebenso wie die bisher kennengelernten PASCAL-Programme Namen besitzen. Im Hauptprogramm wird die Prozedur mit ihrem Namen aktiviert:

```
Prozedurname;
```

Dieser Aufruf der Prozedur veranlaßt, daß alle unter der Prozedur vereinten Anweisungen abgearbeitet werden. Syntaktisch ist demnach ein Prozeduraufruf ähnlich einem Makrobefehl. Nur daß hier die Befehle nicht mehr einzeln erscheinen. Im Deklarationsteil des Hauptprogramms ist der Programm-Körper der Prozedur untergebracht. Dort werden nach den Variablendeklarationen die einzelnen Prozeduren mit ihrem Programmkörper aufgelistet.

Eine Prozedur ist syntaktisch beinahe genauso aufgebaut wie ein Programm. Die erste Zeile beginnt mit dem reservierten PASCAL-Wort PROCEDURE gefolgt vom Prozedurnamen:

```
PROCEDURE Prozedurnamen;
```

Dann folgt der Deklarationsteil der Prozedur, in welchem - falls erforderlich - für die Prozedur eigene Typen und Variablen vereinbart werden. An den Deklarationsteil schließt sich der Anweisungsteil der Prozedur an, der mit dem PASCAL-Wort BEGIN eingeleitet und mit dem Wort END abgeschlossen wird. Auf das END folgt eine Semikolon. Dieser Abschluß des Prozedurkörpers mit einem Semikolon unterscheidet die Prozedur vom Hauptprogramm, das mit einem Punkt abgeschlossen wird.

Als ein Beispiel formulieren wir eine Prozedur, welche mit einer WRITE-Anweisung eine Matrix ausgibt. Wir greifen dabei auf eine Formulierung in Kapitel 3 zurück. Wir nehmen an, die Prozedur sei ein Bestandteil des Hauptprogramms mit dem Namen DEMO. Im Programm DEMO wird der Variablen-Typ FELD deklariert und eine Variable vom Typ FELD unter dem Namen MATRIX vereinbart. Die Prozedur erhält den Namen MAT_AUSG.

```
PROGRAM DEMO;     { Hauptprogramm}
TYPE FELD = ARRAY [1..5,1..7] OF REAL;
VAR ...
    ...
    MATRIX:FELD;

PROCEDURE MAT_AUSG;
VAR I,J: integer;
BEGIN { Anweisungsteil der Prozedur}
FOR I: = 1 TO 5 DO
   BEGIN
   FOR J: = 1 TO 7 DO WRITE(MATRIX [I,J]);
   WRITELN;
   END; {Ende der FOR-Schleife mit Index I}
END; { Ende  der Prozedur}
.
.
.
BEGIN  { Anweisungsteil des Hauptprogramms }
.
.
.
MAT_AUSG;   { Aufruf der Prozedur }
.
.
.
MAT_AUSG;   { Aufruf der Prozedur }
.
.
.
END.   { Ende des Hauptprogramms }
```

Im Hauptprogramm DEMO steht der Programmkörper der Prozedur im Deklarationsteil des Hauptprogramms. Wenn die Variable MATRIX im Anweisungsteil von DEMO ausgegeben werden soll, erscheint dort der "Aufruf" der Prozedur MAT_AUSG, d.h. der Name MAT_AUSG erscheint dort als ein Befehl. Wir sehen, daß die Prozedur ihre eigenen Variablen deklariert, hier die Laufvariablen I und J für die beiden FOR-Schleifen der Prozedur. Die Prozedur kann zudem auf die Variable MATRIX zurückgreifen, ohne daß diese Variable innerhalb der Prozedur neu vereinbart werden müßte. Da die Variable MATRIX im Deklarationsteil des Hauptprogramms bereits deklariert worden ist, steht sie der Prozedur zur Verarbeitung zur Verfügung.

Die Anwendung von Prozeduren kann jedoch wesentlich flexibler gestaltet werden. Die Prozedur MAT_AUSG gibt die gesamte Matrix aus. Aber, was tun wir im Falle, daß nur ein Teil der Matrix ausgegeben werden soll, etwa die Elemente der Zeilen 3 und 4 und der Spalten 5 bis 7? Und was geschieht, wenn wir etwa zwei Array-Variable als

```
MATRIX1, MATRIX2:FELD;
```

vereinbart haben? Können wir beide mit einer Prozedur ausgeben?

Wollten wir diese Matrizen oder Teile von ihnen mit jeweils einer Prozedur der Art, wie sie im Hauptprogramm DEMO dargestellt ist, ausgeben, so müßten wir zu jeder Matrix und jedem Matrix-Teil eine neue Prozedur schreiben. Diese Prozeduren unterscheiden sich aber nur unwesentlich:

- Die Grenzen der Laufvariablen I und J ändern sich, je nach dem, welche Grenzen wir für die Indexbereiche festlegen.
- Im WRITE-Befehl der Prozedur müßte jeweils ein anderer Variablen-Name stehen:

```
WRITE (MATRIX1 [I,J] );
WRITE (MATRIX2 [I,J] );
```

Insgesamt wären aber alle Prozeduren vom Ablauf her gleich. Wir können das Problem derart bewältigen, indem wir anstelle der Größen, die in jeder der drei Prozeduren unterschiedlich sind, eine "variable" Größe einsetzen, die formaler Parameter genannt wird. Im Programmkörper der Prozedur besitzen diese formalen Parameter die Bedeutung der Größen, die sie ersetzen sollen. Diese Parameter stehen dann noch zusätzlich im Prozedurkopf als "Parameterliste" und werden beim Aufruf der Prozedur im Hauptprogramm durch die Variablen, die sie vertreten sollen, spezifiziert; sie werden durch "aktuelle" Werte ersetzt.

Wir formulieren die Prozedur MAT_AUSG für unsere Fragestellung um in eine neue Prozedur mit dem Namen MAT_AUS. Darin werden als formale Parameter neue Namen eingesetzt, die wie Variablen-Namen zu bilden sind.[1)]

---

1) Häufig werden hierzu Kurzbezeichnung X, Y, Z ... benutzt, ähnlich wie in der Mathematik im Funktionssymbol f(X) das Symbol X einen formalen Platzhalter für tatsächliche Werte darstellt. Die Kurzbezeichnungen X, Y, Z besitzen den Vorteil, kurz zu sein und mit ihrer Standardverwendung als formale Parameter auch tatsächlich ihre Funktion als formale Parameter im Programmtext hervorzuheben. Nachteilig daran ist, daß mit diesen Kurzbezeichnungen kein Sinn verbunden werden kann. Steht etwa x als formaler Platzhalter für eine Matrix, so ist dies weniger einprägsam als wenn MAT als Name des formalen Platzhalters gewählt würde.

Wir haben fünf Größen mit formalen Parametern zu versehen. (Vgl. die Prozedur MAT_AUSG)

- die untere Grenze der Laufvariablen I in der FOR-Schleife: als formaler Parameter X1
- die obere Grenze von I: als formaler Parameter XN
- die untere Grenze der Laufvariablen J in der FOR-Schleife: als formaler Parameter Y1
- die obere Grenze von J: als formaler Parameter YN
- die ARRAY-Variable MATRIX: als formaler Parameter Z.

Die Liste der formalen Parameter mit der Typendeklaration muß im Prozedurkopf erscheinen. Die Prozedur MAT_AUSG wird nun wie folgt umgeschrieben:

```
PROCEDURE MAT_AUS(X1, XN, Y1, YN: INTEGER;Z:FELD);
VAR I, J: INTEGER;
BEGIN
FOR I: = X1 TO XN DO
   BEGIN
   FOR J:= Y1 TO YN DO WRITE (Z [I,J] );
   WRITELN;
   END;
END; {Ende der Prozedur}
```

Die Indexbereichsgrenzen und die ARRAY-Variable MATRIX sind nun formal ersetzt worden durch die formalen Parameter.

Beim Aufruf der Prozedur MAT_AUS im Anweisungsteil des Hauptprogramms DEMO sind nun die formalen Parameter durch die Werte zu ersetzen, die anstelle der formalen Parameter gültig sein sollen.

Eine Ausgabe der Variablen MATRIX1 mit den Zeilen 1...5 und Spalten 3...7 erfordert die Spezifikation der formalen Parameter wie folgt: X1=1, XN = 5, Y1 = 3, YN = 7, Z =MATRIX1, d.h. der Aufruf der Prozedur gestaltet sich als:

```
MAT_AUS (1, 5, 3, 7, MATRIX1);
```

Entsprechend wird die Ausgabe der Variablen MATRIX2 mit den Zeilen 4 und 5 und Spalten 1 und 2 mit dem Aufruf

```
MAT_AUS (4, 5, 1, 2, MATRIX2);
```

bewerkstelligt.

Wir sehen, daß beim Aufruf der Prozedur die "aktuellen" Werte für die formalen Parameter in der gleichen Reihenfolge aufzuführen sind, wie sie in der formalen Parameterliste der Prozedur-Deklaration ursprünglich erscheinen.

Das Prozedurkonzept haben wir am Problem diskutiert, eine Matrix (d.h. einen Wert einer Variablen vom Typ FELD) auszugeben. Die Prozedur MAT_AUS leistet dieses; die Zeilen und Spalten können spezifiziert werden. Der Leser wird sich womöglich fragen, ob auch Matrizen unterschiedlicher Dimension mit einer Prozedur ausgegeben werden können und nicht bloß vom Typ FELD. Diese Frage ist berechtigt, da in Anwendungsfällen ohne Zweifel oft Matrizen verschiedener Form auftreten können. Leider kann eine allgemeine Ausgabe-Prozedur für Matrizen beliebiger Gestalt in PASCAL mit elementaren Mitteln nicht ohne weiteres geschaffen werden. Hierzu muß die Datenstruktur der Pointerlisten geschaffen werden - ein Thema, das jenseits dieses Textes liegt.

Das bedeutet, auf dem elementaren Niveau der PASCAL-Programmierung muß für jeden Matrix-Typ eine Ausgabeprozedur geschaffen werden. Dieser schwerwiegende Nachteil der PASCAL-Sprache hängt eng zusammen mit dem statischen Konzept des ARRAY-Datentyps, dessen Feldgrenzen keine Variablen sein dürfen.

§2 Probleme der Programmhierarchie und des Datentransfers Die Blockstruktur von PASCAL

Nachdem wir im vorhergehenden Teil mit der formalen Definition einer Prozedur und deren Anwendung im Hauptprogramm uns beschäftigt haben, soll an dieser Stelle gefragt werden, was passiert, wenn mehrere Prozeduren zusammen geschaltet werden. wenn sie hierarchisch geschachtelt werden und wie der Datenfluß zwischen diesen verschiedenen Prozeduren und dem Hauptprogramm aussieht. Diese Fragen sprechen die Blockstruktur von PASCAL an.

Zunächst können wir uns klar machen, daß das Verhältnis von Hauptprogramm zu Prozedur verallgemeinert werden kann; in einer Prozedur P kann eine weitere Prozedur Q definiert werden und im Anweisungsteil von P aufgerufen werden. Die Prozedur P erscheint dann der Prozedur Q als ein übergeordnetes Programm, wie ein Hauptprogramm.

Diese Beziehungen von Haupt- und Unterprogramm machen wir uns an dem Beispiel des Programms "Hauptprogramm" klar, siehe nachfolgendes Listing. In diesem Programm erscheinen die beiden Prozeduren R und P. Sie werden im Deklarationsteil des Hauptprogramms deklariert und im Anweisungsteil aufgerufen. Im Deklarationsteil der Prozedur P wird eine Prozedur Q deklariert und im Anweisungsteil von P aufgerufen. Dort wird auch die Prozedur R aufgerufen.

Anhand der Abbildung 14 können wir nur das Verhältnis von Über- und Unterordnung der Teilprogramme verdeutlichen. Dieses geschieht mit geschachtelten Blöcken. Jeder Block ist ein "Teilprogramm". Wird ein Block X von einem Block Y unmittelbar umgrenzt, so ist X Unterprogramm von Y; Y erscheint dem Unterprogramm X als Hauptprogramm. In dieser Weise sind R und P Unterprogramme des Hauptprogramms, und Q ist Unterprogramm von P. Jedoch ist Q kein Unterprogramm des Hauptprogramms. Die Prozeduren R und P sind einander gleichgeordnet. Zwischen ihnen besteht keine Beziehung der Über- oder Unterordnung.

Diese Ordnungsbeziehungen zwischen Blöcken besitzen ihre Bedeutung, wenn wir Prozeduren aufrufen wollen. Als erste Regel können wir formulieren: Ein Block kann in seinem Anweisungsteil die Prozeduren aufrufen, die Unterprogramme des Blocks sind. Also kann das oben dargestellte Programm "Hauptprogramm" die Prozeduren R und P aufrufen als dessen Unterprogramme.

Ferner kann die Prozedur P die Prozedur R aufrufen. Da die Prozedur R vor der Prozedur P deklariert wird und als gleichgeordneter Block eine von P unabhängige Größe darstellt, ist - anschaulich gesprochen - dem Compiler die Prozedur R bereits bekannt, wenn sie in P aufgerufen wird. So können wir als zweite Regel formulieren: Ein Block X kann in seinem Anweisungsteil eine Prozedur Y aufrufen, wenn X und Y gleichgeordnet sind und Y vor X deklariert worden ist. Ein Aufruf von P in R ist nicht ohne weiteres möglich,

```
PROGRAM Hauptprogramm;
TYPE ...
VAR H1, H2, H3, ...
PROCEDURE R;
TYPE...
VAR R1, R2, R3, ...

BEGIN                          Prozedur R
  .
  .
  .
END;

PROCEDURE P;                                                  Deklarations-
TYPE ...                                                      teil des
VAR P1, P2, P3, ...                                           Hauptprogramms
                                          Deklaration
PROCEDURE Q;                              von P
TYPE ...
VAR Q1, Q2, Q3, ...     Deklaration
                        von Q im
                        Deklarations-
BEGIN                   teil von P
  .
  .
  .
END ;
BEGIN
Q; .                    Anweisungs-
R; .                    teil von P
   .                    mit Aufruf von
END;                    Q und R
BEGIN
P; .                                                          Anweisungsteil
   .                                                          des Hauptprogramms
R; .                                                          mit Aufruf von P und
END.                                                          R
```

da P erst nach R deklariert wird. Hier ist eine FORWARD-Deklaration erforderlich, die hier nicht behandelt wird.

In unserem Blockschema Abbildung 14 sehen wir, in welcher Weise die Unterprogramme im Hauptprogramm gestaffelt auftreten. Zu jedem Programm gehören Variablendeklarationen, die in dessen

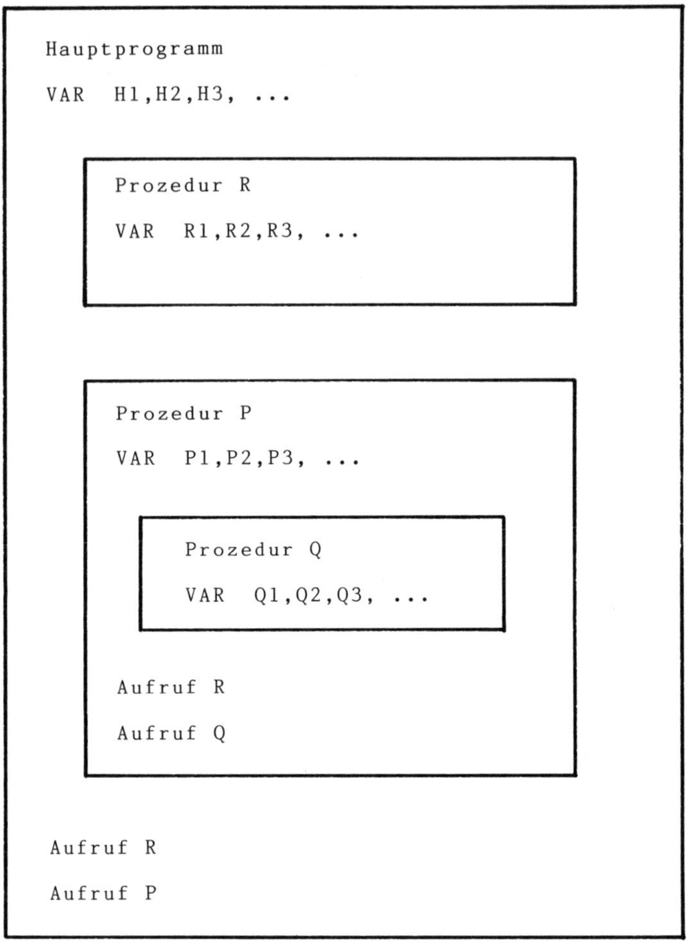

Abb. 14: Die Schachtelung von Prozeduren

Block angedeutet sind. Zu fragen ist an dieser Stelle, wie der Gültigkeitsbereich dieser Variablen ist. Als allgemeine Regel gilt, daß vereinbarte Variable - außer in dem Block, in dem sie deklariert sind - nur in allen untergeordneten Programmen Gültigkeit besitzen. Mit Gültigkeit ist gemeint, daß sie verwendet werden können und gemäß der PASCAL-Syntax manipuliert werden können. Umgekehrt gilt aber, daß die Variablen in übergeordneten oder gleich geordneten Programmstücken keine Verwendung finden dürfen.

Am Beispiel der Abbildung 14 heißt dies: Die Variablen

- H1, H2, H3 ... besitzen in den Prozeduren R, P, Q Gültigkeit.
- R1, R2, R3 ... besitzen nur in der Prozedur R Gültigkeit.
- P1, P2, P3 ... besitzen in den Prozeduren P und Q Gültigkeit.
- Q1, Q2, Q3 ... besitzen in der Prozedur Q Gültigkeit.

Wegen dieser eingeschränkten Gültigkeit von Variablen, die in einer Prozedur vereinbart werden, heißen diese Variable auch lokale Variable; sie sind nur lokal in der Prozedur (und den ihr untergeordneten Blocks) gültig. Die Variablen H1, H2, H3 ... des Hauptprogramms sind im gesamten Programmkörper gültig; sie heissen daher globale Variable. Allgemein gilt:

Eine in einem übergeordneten Block vereinbarte Variable erscheint den untergeordneten Blöcken als globale Variable. So ist P1 global für die Prozedur Q.

Die lokale Gültigkeit einer Variablen ist insofern vorteilhaft, als diese Variable von gleichgeordneten oder übergeordneten Programmstücken nicht beeinflußt werden kann, selbst dann, wenn in diesen Programmstücken eine Variable gleichen Namens vereinbart worden ist.
So kann z.B.in Abbildung 14 eine Variable im Hauptprogramm die Bezeichnung ANZAHL tragen und wie folgt vereinbart sein:

```
VAR  ANZAHL: INTEGER;
```

Wenn gleichfalls in der Prozedur P eine gleiche Variablendeklaration auftritt, so faßt das System beide Variable mit Namen ANZAHL als zwei getrennte Variable auf. Innerhalb des Programmkörpers der Prozedur P gilt die dort vereinbarte Variable ANZAHL; eine Manipulation der Variablen ANZAHL in der Prozedur P führt zur Manipulation von genau dieser Variablen. Hingegen wird außerhalb von P stets die Variable ANZAHL des Hauptprogramms angesprochen.

Variable in ihrer unbeschränkten Gültigkeit mit Hilfe einer lokalen Vereinbarung einzuschränken, besitzt den Vorteil, im gesamten Programmkörper in stets neuen Zusammenhängen gleiche Variablennamen verwenden zu können, ohne eine nicht mehr kontrollierbare wechselseitige Beeinflussung befürchten zu müssen. Dadurch wird der Programmierer in der Wahl der Variablennamen freier. So kann der Name I in jeder Prozedur für die Laufvariable einer FOR-Schleife ohne Komplikationen verwendet werden.

Was bisher über die lokale und globale Gültigkeit von Variablen gesagt worden ist, trifft in gleicher Weise für die Deklaration von Typen zu.

Mit Hilfe des Blockschemas von Abbildung 14 können wir uns nun die Beziehungen klar machen, welche die Eingabe von Daten aus dem übergeordneten Programmteil in eine Prozedur und die Ausgabe von Daten aus einer Prozedur in das übergeordnete Programmteil betreffen. Wie verläuft der Datentransfer einer Prozedur?

Wenden wir uns zunächst der Dateneingabe zu. Hier stehen zunächst zwei Möglichkeiten offen: Die Daten liegen in Variablen des übergeordneten Programms vor. Die Variablen sind für die Prozedur global. Also kann die Prozedur in ihrem Anweisungsteil diese globalen Variablen aufnehmen und damit operieren.

Dies ist die erste Möglichkeit:

> Datenübergabe mittels Globalvariable in den Ablaufteil der Prozedur.

Ein Beispiel für diese Lösung ist die Prozedur MAT_AUSG von § 1. Diese Prozedur gibt den Wert der Variablen MATRIX auf dem Bildschirm aus. Diese Variable ist in der Prozedur eine Globalvariable, welche die Daten vom übergeordneten Programm in die Prozedur transferiert.

Nachteilig ist diese Lösung, den Datentransfer mit einer Globalvariablen vonstatten gehen zu lassen, aus folgenden Gründen:

- Es besteht die Gefahr, daß in der Prozedur die globalen Variablen in einer unerwünschten Weise manipuliert werden ("Seiteneffekte") und dann in dem übergeordneten Programm für diese Variable falsche Werte auftreten.
- Die Prozedur ist nicht so flexibel einsetzbar, wie wir in § 1 am Beispiel der Matrixausgabe gesehen haben.

Die zweite Möglichkeit besteht darin, alle Daten, welche die Prozedur benötigt, dahingehend zu analysieren, welche Variable des übergeordneten Programms diese Daten als Werte tragen. Jeder dieser Variablen wird ein formaler Parameter, etwa X, des entsprechenden Datentyps zugeordnet und in die Parameterliste der Prozedur aufgenommen.

Dies ist die zweite Möglichkeit:

Datenübergabe mittels formaler Parameter im Kopf der Prozedur.

Ein Beispiel für die Lösung ist die Prozedur MAT_AUS von § 1. Der formale Parameter Z ist vom Typ FELD. An ihn wird der Wert der auszugebenden Matrixvariablen übergeben. Zur Liste der formalen Prozeduren treten noch die Laufgrenzen der Zeilen- und Spaltenzähler hinzu. Diesen formalen Parametern entsprechen keine Variablen des übergeordneten Programms. Bei Prozeduraufruf sind sie daher mit expliziten Werten zu versehen.

Diese zweite Möglichkeit der Datenübergabe an eine Prozedur wird "Call by value"-Technik genannt; beim Aufruf der Prozedur ("Call") werden im Prozedurkopf die formalen Parameter durch die aktuellen Werte ("value") ersetzt. Die Call-by-value-Technik besitzt die Vorteile:

- flexibler einsetzbar als bei Wertübergabe durch globale Variable.
- Die übersichtliche Präsentation aller Input-Daten, die in die Prozedur eingehen, erhöht die Transparenz des Programms.
- Eine Störung von Globalvariablen durch den Prozedurablauf wird vermieden.

Bei der Übergabe von Daten aus der Prozedur an das übergeordnete Programm liegen die Transferbeziehungen ähnlich wie beim Dateninput.

Als erste Möglichkeit, die Daten aus der Prozedur zu entnehmen, steht die Technik der Globalvariablen zu Verfügung. Die von der Prozedur erzeugten Daten werden im Anweisungsteil der Prozedur an eine Globalvariable übergeben. Damit stehen die Daten dem übergeordneten Programm zur Verfügung.

Diese Lösung weist die Nachteile auf, die oben bereits für die Dateneingabe mittels Globalvariablen angemerkt worden sind:

- geringes Maß der Übersicht über den Datentransfer
- Gefahr von Seiteneffekten

Wenn die Datenausgabe mittels Globalvariablen nicht so vorteilhaft erscheint, müssen wir uns andere Wege überlegen. Über die formalen Parameter im Prozedurkopf - soweit wir diese Technik kennengelernt haben- kann die Datenausgabe nicht vonstatten gehen, da diese Parameter im Prozedurkörper die Rolle von lokalen Variablen spielen. Deren Wert ist daher vom übergeordneten Programm nicht abfragbar. Mit der Wertübergabe der Call-by-value-Technik wird diesen lokalen Variablen lediglich von außen ein Wert zugewiesen; sie werden initialisiert.

Für das Problem der Datenentnahme aus Prozeduren stellt PASCAL variable formale Parameter im Prozedurkopf bereit, die wir formale variable-Parameter nennen wollen. Es handelt sich dabei um formale Parameter, wie wir sie bereits kennengelernt haben, die jedoch zusätzliche Eigenschaften besitzen. Im Prozedurkopf ist in der Liste der formalen Parameter dem formalen variablen-Parameter jeweils das reservierte PASCAL-Wort VAR voranzustellen (VAR = variabel). In der Liste der formalen Parameter können die formalen variable-Parameter mit den sonstigen formalen Parametern in beliebiger Reihenfolge aufgeführt werden, also z.B.

```
Prozedurname (VAR X : INTEGER; Y : INTEGER; VAR Z : CHAR);
```

oder

```
Prozedurname (VAR X,Z : STRING; Y : CHAR);
```

Im ersten Beispiel sind X und Z formale variable-Parameter unterschiedlichen Typs und Y ist ein formaler Parameter (nicht variabel).

In der Wirkung nach außen, d.h. zum übergeordneten Programm unterscheiden sich die formalen variable-Parameter von den sonstigen formalen Parametern. Während die letzteren in der Prozedur die Rolle von geschützten lokalen Variablen einnehmen, deren Werte mit dem Prozeduraufruf lediglich initialisiert werden, nicht aber nach dem Prozedurablauf in das Hauptprogramm übergeben werden können (vgl. Abb. 15), verhalten sich die formalen variable-Parameter wie globale Variable der Prozedur.

Wenn die Prozedur aufgerufen und abgearbeitet wird, werden den Variablen, welche die formalen variable-Parameter im Prozedurkopf beim Prozeduraufruf ersetzen, von der Prozedur Werte zugewiesen, die dem übergeordneten Programm, nachdem die Prozedur abgearbeitet ist, unter den Variablennamen zur Verfügung stehen (vgl. Abb. 16).

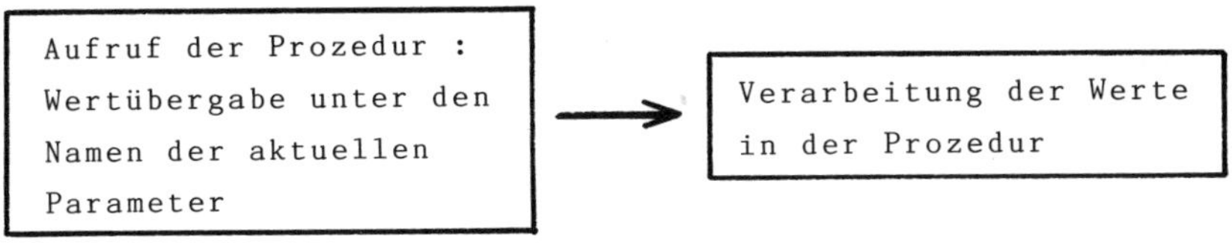

Abb. 15: Die Manipulation formaler Parameter beim Prozeduraufruf

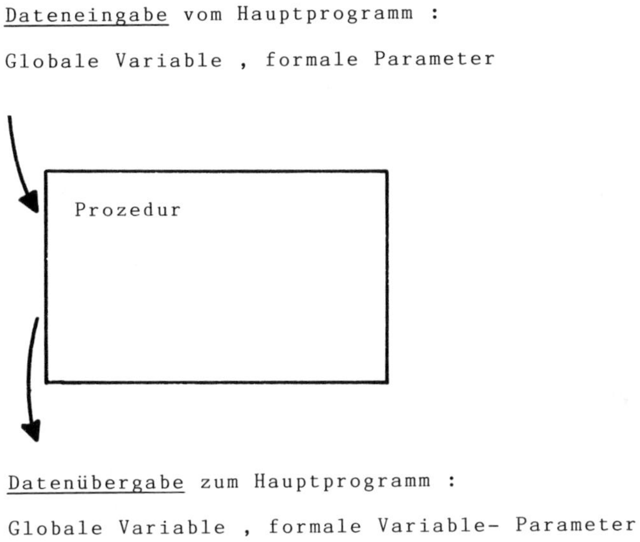

Abb. 16: Ein Schema des Datentransfers zwischen Hauptprogramm und Prozedur

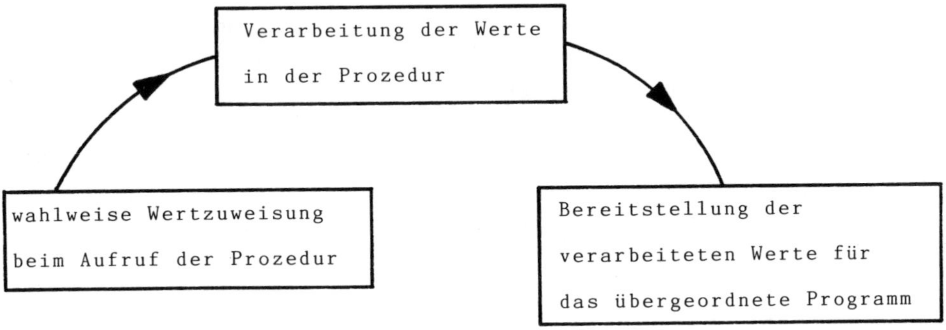

Abb. 17: Die Manipulation der formalen Variable-Parameter beim Prozeduraufruf

Im Unterschied zu den sonstigen formalen Parametern brauchen den Variablen, die formale variable-Parameter beim Prozeduraufruf ersetzen, beim Prozeduraufruf selbst noch keine Werte zugewiesen worden zu sein, so daß erst der Prozeduraufruf diese Variable im Programmablauf initialisiert.

Daher können die formalen variable-Parameter wahlweise für zwei Arten des Datentransfers benutzt werden

- Dateninput vom übergeordneten Programm in die Prozedur und Datenoutput von der Prozedur in das übergeordnete Programm

- Datenoutput von der Prozedur in das übergeordnete Programm allein

Die Abbildung 17 faßt noch einmal den Datentransfer, der in einer Prozedur abläuft, schematisch zusammen.

Die im Kapitel 5 angesprochenen Variablen vom Typ TEXT dürfen in der Parameterliste einer Prozedur nur als formale variable-Parameter auftreten. Dies gilt für Variable vom Typ FILE generell.

Auch hinsichtlich des Speicherplatzbedarfs unterscheiden sich die formalen Parameter von den formalen variable-Parametern. Beim Prozeduraufruf wird für die Werte der aktuellen Parameter, welche die formalen Parameter ersetzen, eine Kopie erstellt, die als interne lokale Variable der Prozedur geführt wird. Diese Kopie-Technik zieht eine Verdoppelung des Speicherplatzbedarfs nach sich, die bei großen Arrays Probleme der Speicherkapazität aufwerfen kann. Hingegen wird beim formalen variable-Parameter der aktuelle Wert nicht kopiert, sondern lediglich ein Verweis (eine "Referenz") auf die Adresse angelegt, unter welcher der aktuelle Wert abgelegt ist. Daher nennt man die Variablenübergabe an eine Prozedur mittels formalen variable-Parametern auch "Call-by-reference-Technik". Aus dem Gesagten geht hervor, daß es - hinsichtlich des Speicherplatzbedarfs - vorteilhafter ist, bei großen Arrays die Datenübergabe an eine Prozedur mit der Call-by-reference-Technik zu gestalten, also formale variable-Parameter einzusetzen (Vgl. Ottmann u. Widmayer, 1980, S. 159 f und Clark u. Koehler, 1982, S. 120. TURBO-Manual, 1983, S. 120)

Die folgenden Einschränkungen sind bei der Verwendung von formalen Parametern zu beachten: Prozeduren und Funktionen können in UCSD-PASCAL nicht als Parameter einer Prozedur übergeben werden, was im Standard-PASCAL möglich ist. Die Zählvariable einer FOR-DO-Schleife (siehe Kapitel 2, § 6) darf nicht als ein variable-Parameter einer Prozedur übergeben werden. Bei TURBO-PASCAL darf in der Parameterliste eine Variable nicht als STRING[80] vereinbart werden. String-Variable sind dort z.B. als KETTE zu vereinbaren, wobei KETTE im Deklarationsteil als STRING[80] vereinbart wird.

§3 Funktionen

Funktionen in PASCAL werden zwar fast gleichlautend wie Prozeduren deklariert, sie werden aber anders eingesetzt. Prozeduren entsprechen syntaktisch einer Anweisung. Deshalb kann eine Prozedur durch den Aufruf ihres Namens allein als eine gültige Anweisung aktiviert werden:

```
Prozedurname;
```

Dieses ist bei Funktionen so nicht möglich. Syntaktisch sind Funktionen nicht wie Anweisungen, sondern wie Ausdrücke zu behandeln. Demnach können in einem Hauptprogramm Funktionen nur innerhalb einer Anweisung auftreten, nicht aber als eine Anweisung selber, etwa

```
A: = Funktionsname;
```

In dieser Anweisung wird der Wert, den der Funktionsname trägt, der Variablen A zugewiesen.

Funktionen sind aus der Mathematik weithin bekannt, etwa $y = x^2$ oder $x \longrightarrow \sin(x)$, die Sinusfunktion. Sie zeichnen sich dadurch aus, daß unter ihrem Namen der Wert der Funktion bereitgestellt wird, wenn der (oder die) formale Parameter durch aktuelle Werte spezifiziert wird. z.B.

```
SIN (4)
 ↑   └──aktueller Wert des formalen Parameters X
Name der Funktion
```

Die Größe SIN (4) repräsentiert damit den numerischen Wert der Sinusfunktion für X = 4. Diese Größe kann nun in einem formelmäßigen Ausdruck einer PASCAL-Anweisung eingesetzt werden, z.B.

```
A: = 2 + SIN(4);
```

Da der Wert, den die Funktion berechnet, über den Funktionsnamen ausgegeben wird, ist dadurch eine weitere Möglichkeit geschaffen, Daten, die von Unterprogrammen erzeugt werden, an das Hauptprogramm zu übergeben. Diese Technik der Datenübergabe mit dem Funktionsnamen ist sehr elegant. Darin liegt auch die besondere Rechtfertigung dafür, neben dem Unterprogramm in Prozedurform auch noch Unterprogramme in Funktionsform vorzusehen.

Die Deklaration einer Funktion ist folgendermaßen vorzunehmen. Wie eine Prozedur wird sie im Deklarationsteil des Hauptprogramms nach den Variablendeklarationen vereinbart. Die Deklaration beginnt mit dem reservierten PASCAL-Wort FUNCTION, gefolgt von der Liste der formalen Parameter und von einem Doppelpunkt, dem sich die Typenbezeichnung der Funktion anschließt. Die meisten der bisher bekannten Typen von Variablen können einer Funktion zugeordnet werden, also nicht - wie in der Mathematik bekannt - bloß die Typen INTEGER oder REAL, sondern auch STRING, CHAR oder BOOLEAN. Dagegen darf ein ARRAY-Typ nicht zugeordnet werden.

Beispiel einer Funktions-Deklaration:

```
FUNCTION PRUEF(X,Y:INTEGER):BOOLEAN;  } Körper der
    :                                 } Funktions-
    :                                 } deklaration
```

Der Name der Funktion ist PRUEF. Sie hängt von zwei formalen Parametern X und Y ab und ist vom Typ BOOLEAN. Ansonsten wird eine Funktion ebenso wie eine Prozedur deklariert - mit einer Ausnahme: im Anweisungsteil der Funktion muß an einer Stelle eine Anweisung stehen, die dem Funktionsnamen einen Wert des Typs zuweist, dem der Funktionsname zugeordnet ist. In unserem Beispiel wäre demnach die Anweisung

```
PRUEF: = Wert;
```

in der Funktionsdeklaration aufzufinden, wobei Wert eine Größe vom Typ BOOLEAN sein müßte.

Ansonsten lassen sich alle in §§ 1 und 2 für Prozeduren gemachten Ausführungen, insbesondere die Probleme des Datentransfers und der Schachtelung von Funktionen, sowie die Einschränkungen in den Deklarationen auf Funktionen übertragen.

§4 Anwendungen

Der Idee der strukturierten Programmierung folgend können wir nun die Teilaufgaben, die in einem Programm zu erledigen sind, als Unterprogramme in Prozedur- oder Funktionsform formulieren und im Hauptprogramm einsetzen. Der Tendenz nach verlagert sich dadurch der Programmieraufwand vom Anweisungsteil des Hauptprogramms in dessen Deklarationsteil; dort werden die Unterprogramme deklariert, d.h. die Details festgelegt, während der Anweisungsteil des Hauptprogramms die wesentlichen Schritte des Programms enthalten sollte.

Im Prinzip läßt sich jedes Programm in die drei Schritte Dateneingabe, Berechnung, Datenausgabe zerlegen. Weisen wir diesen drei Schritten jeweils eine Prozedur zu, so besäße das Hauptprogramm nur noch die drei Zeilen:

```
BEGIN   { Hauptprogramm }
DATEN_EIN;
BERECHNE;
DATEN_AUS;
END.
```

Diese Technik, im Hauptprogramm nur noch wenige Prozeduren aufzulisten, gewinnt dann ihre Berechtigung, wenn man Prozeduren, die im Deklarationsteil des Hauptprogramms stehen, testen will. Man nimmt dann nur die Prozeduren in das Hauptprogramm auf, deren Korrektheit man mit Probeläufen überprüfen will. Nachdem dieser Test abgeschlossen ist, kann das eigentliche Hauptprogramm formuliert werden.

Näher diskutieren wollen wir nun drei Anwendungen der Prozedur-Technik: Druckersteuerung, Eingabekontrollen und ein Sortierprogramm.

1) Die Parallelsteuerung an Bildschirm und Drucker

Nach dem bisherigen Stand an Kenntnissen, wie man Daten aus dem Computer ausgibt - entweder über Bildschirm oder den Drucker, siehe Kapitel 1 - sind Bildschirm und Drucker alternative, sich ausschließende Ausgabemedien.
Wird die Ausgabe über den Drucker gewählt, so bleibt der Bildschirm leer und umgekehrt. Mit Hilfe der Prozedur-Technik können wir diesen Nachteil beheben und damit Daten auf Bildschirm und Drucker zugleich ausgeben. Hierzu betrachten wir das folgende Listing von drei Druckerprozeduren.

Die erste Prozedur trägt den Namen SWRITE, der STRING-WRITE heißen soll. Diese Prozedur gibt einen String, der als formaler Parameter X in der Parameterliste erscheint, auf Bildschirm und Drucker zugleich aus, d.h. genau genommen hintereinander, zunächst erfolgt ein WRITE(X);, das den String X auf den Bildschirm ausgibt und dann ein WRITE(OUT,X), das X auf den Drucker lenkt, bzw. ein WRITE(LST,X) im Falle von TURBO-PASCAL. Dieses Nacheinander der Ausgabe erscheint aber - infolge der hohen Geschwindigkeit der Befehlsfolge und des Datenpuffers des Druckers - dem Benutzer als gleichzeitig.
Wie in Kapitel 1, §6, beschrieben, ist für UCSD-PASCAL bei dem Schreibbefehl WRITE(OUT,X) angenommen, daß im Hauptprogramm eine Variable OUT vom Typ TEXT vereinbart worden ist und daß im Anweisungsteil des Hauptprogramms mit einem Befehl REWRITE(OUT,'PRINTER:'); der Drucker aktiviert worden ist.

```
PROCEDURE SWRITE(X:string);
Begin
WRITE(X);WRITE(OUT,X);End;

PROCEDURE ZWRITE(X:real);
Begin
WRITE(X);WRITE(OUT,X);End;

PROCEDURE LEER_Z(X:integer);
VAR I:integer;
Begin
FOR I:=1 TO X DO
        Begin
        WRITELN;WRITELN(OUT);End;
End;
```

Drei Prozeduren zur Parallelsteuerung von Bildschirm und Drucker.

Bei TURBO-PASCAL sind der Befehl WRITE(OUT,X) in WRITE(LST,X) und WRITELN(OUT) in WRITELN(LST) umzuschreiben. Die Typendeklaration des formalen Parameter X der Prozedur SWRITE ist in KETTE zu verändern, und der Datentyp KETTE als STRING[80] zu deklarieren.

Dann führt jeder Aufruf der Prozedur

```
SWRITE ('string');
```

im Anweisungsteil des Hauptprogramms dazu, daß der Text "string" auf Bildschirm und Drucker zugleich ausgegeben wird.

Mit Hilfe dieser Prozedur lassen sich bei TURBO-PASCAL gleichfalls die Daten von Variablen vom Typ CHAR ausgeben. Beim UCSD-PASCAL sind CHAR-Daten zuvor der ersten Position einer Stringvariablen zuzuweisen, z.B.

```
VAR  ZEICHEN:CHAR;
     KETTE : STRING;

BEGIN  {Hauptprogramm}
KETTE:= ' '; KETTE[1]:= ZEICHEN;
SWRITE (KETTE);
```

Die Umwandlung einer CHAR-Variablen in eine STRING-Variable ist ein wenig umständlich. Dafür erspart sie aber eine besondere Ausgabeprozedur für CHAR-Variable - eine Lösung, die gleichfalls denkbar ist, wenn viele derartige Variable auszugeben sind.

Die zweite Prozedur ZWRITE dient der Ausgabe von numerischen Werten (Z=Zahl). Sie ist für Inputs des Typs REAL vorgesehen und damit auch für INTEGER-Variable. Vom Aufbau her gesehen ist sie gleich wie SWRITE.

Mit der Prozedur ist also eine parallele Datenausgabe auf Drucker und Bildschirm möglich. Allerdings ist diese Art der Datenausgabe nicht so komfortabel wie der eigentliche WRITE-Befehl. So können mit einem Prozeduraufruf nicht zugleich zwei oder mehr Variable ausgegeben werden, wie es bei

```
WRITE(A,B,C);
```

möglich ist. Mit erhöhtem Programmieraufwand ist dies allerdings auch erreichbar. Ebensowenig ermöglichen die beiden Prozeduren SWRITE und ZWRITE ein Organisieren der Datenpräsentation mit der Doppelpunkt-Technik, wie

```
WRITE(A:8);,
```

was bedeutet, daß 8 Spalten für den Wert von A reserviert werden.

Die mit WRITELN mögliche Zeilenschaltung auf dem Bildschirm und dem Drucker wird mit der dritten Prozedur Leer_Z möglich gemacht. Der Parameter X vom Leer_Z gibt an,wieviele Leerzeilen auf Bildschirm und Drucker zu schalten sind: so bedeutet

```
Leer_Z(5);
```

daß 5 Leerzeilen geschaltet werden.

2) Prozedur zur Kontrolle von Eingabe-Werten

Die bisherigen Programme waren so beschaffen, daß sie keine Sicherungen gegen eine falsche Bedienung enthielten. Eine Eingabe von Werten über die Tastatur, die nicht den im Programm vorgegebenen Variablenwerten und -typen entspricht, führt dann zum Programmabbruch. Diese Situation kann durch eine formale Kontrolle der eingegebenen Werte vermieden werden. Zu diesem Zweck lassen sich Überprüfungsprozeduren einsetzen, deren REPEAT-Schleife erst dann verlassen werden kann, wenn die eingegebenen Werte korrekt sind. Und erst dann wird der Wert vom System übernommen. Ansonsten wird eine Fehlermeldung auf den Bildschirm gegeben, und der Benutzer hat die Eingabe zu wiederholen.

Ein Beispiel dafür, wie sich das Kontrollproblem von Eingabewerten lösen läßt, gibt die Prozedur EINGABE. Hier wird die einzulesende Variable als vom Typ STRING angenommen. Kontrollprozeduren für andere Datentypen sind ebenso möglich. Allerdings ist die STRING-Eingabe universell; jeder elementare Datentyp kann zunächst als STRING eingegeben und anschließend mit einer weiteren Prozedur in den gewünschten Typ umgewandelt werden, wie etwa die Umwandlung des STRINGs '3.57' in die real-Zahl 3.57.

```
1:
2:
3: PROCEDURE  eingabe(VAR x:string; y: menge);
4:  VAR b:boolean;
5:      i:integer;
6:      s:string;
7:
8: BEGIN
9: b:=true;
0: REPEAT
1:
2:    IF NOT b THEN writeln('     FALSCHE EINGABE! BITTE WIEDERHOLEN.');
3:    b:=true;
4:    readln(s);
5:
6:    FOR i:=1 TO length(s) DO
7:       IF b AND ( NOT (s[i] IN y)) THEN b:= false;
8:    IF (length(s)=0) THEN b:=false;
9: UNTIL b;
0: x:=s;
1: END;
2:
```

Listing des Programms EINGABE

Bei dieser Eingabe-Prozedur wird lediglich eine einfache Überprüfung des eingegebenen STRINGs vorgenommen. In Programmzeile 17 wird geprüft, ob die I-te Komponente S[I] des STRINGs S in der Menge Y liegt oder nicht. Dabei ist Y eine Menge von Zeichen. Diese Menge muß alle die Zeichen enthalten, die für S zulässig sind. Im übergeordneten Programmteil, in dem die Prozedur Eingabe als Prozedur vereinbart wird, muß unter der Typendeklaration die Vereinbarung

```
TYPE   MENGE = SET OF CHAR;
```

stehen.

Diese Mengenvereinbarung ist in PASCAL möglich: Sie soll hier jedoch nicht weiter ausgeführt werden.[1)] In Zeile 17 steht mit (S[I] IN Y) eine boole'sche Variable. Sie ist TRUE, wenn S[I] Element von Y ist, sonst FALSE.

---

1) Siehe Clark u. Koehler, 1982, p. 76s ., und Ottmann u. Widmeyer, 1980, p. 182s., TURBO-Manual, 1983, p. 83-86.

Die Überprüfung (S[I] IN Y) wird von der FOR-Schleife von Zeile 16 für alle Komponenten des STRINGs S vorgenommen. Sind alle Überprüfungen positiv verlaufen, so wird die REPEAT-Schleife in Zeile 19 verlassen. Die boole'sche Variable B steuert diesen Vorgang. In Zeile 20 wird der Variablen X der Wert des STRINGs S zugewiesen. X ist im Prozedurkopf als formaler variable-Parameter vereinbart.Dadurch kann mit X der in der Prozedur eingelesene Wert an das übergeordnete Programm übergeben werden.

Der Aufruf der Prozedur EINGABE gestaltet sich folgendermaßen. Wir nehmen an, wir wollten einer Variablen mit dem Namen V über die Tastatur einen Wert zuweisen. Der Benutzer soll etwa in einem neuen Menue unter den mit 1..5 durchnumerierten Alternativen wählen, z. B. bei der Wahl des Druckerschriftbildes eine der auf dem Bildschirm angebotenen Alternativen wählen:

```
1...Elite
2...Pica
3...Proportional
4...Script
5...Compress
```

Der Benutzer wird aufgefordert, durch Eingabe einer der Zahlen 1...5 eine Schriftart zu wählen. Dann sind bei der Dateneingabe allein die Zeichen '1'...'5' zulässig. Als Menge Y wählen wir daher ['1'..'5'] . Der Aufruf der Prozedur lautet

```
EINGABE (V, ['1'..'5'] );
```

Dabei wird angenommen, daß vor diesem Aufruf der Benutzer auf dem Bildschirm eine Aufforderung zur Dateneingabe erhält.

Sollen stattdessen positive INTEGER-Werte eingegeben werden, so ist als Y die Menge ['0'..'9'] zu wählen. Sollen bloß die Großbuchstaben des Alphabets zugelassen werden, so setzen wir ['A'..'Z'], bei Klein und Großbuchstaben ['a'..'z', 'A'..'Z']. Für ein Menue mit dem durch F und E bezeichneten Alternativen "Fortsetzen" und "Beenden" wäre Y als ['E', 'F'] zu setzen. Es ist klar, daß die Eingabekontrollen noch verfeinert werden können. So ist z.B. eine Überprüfung der Länge LENGTH (S) des STRINGs S denkbar. Eine Eingabe wird nur dann akzeptiert, wenn S eine vorgeschriebene Anzahl von Stellen aufweist. Bei der

Eingabe von numerischen Werten kann eine Überprüfung des zulässigen Bereichs vorgenommen werden, usw.

3) Prozedur zum Sortieren

Als weitere Anwendung des Prozedurkonzepts wollen wir uns dem Sortierproblem zuwenden, das in der theoretischen und der praktischen Informatik wegen der hohen Bedeutung in der Praxis bereits vielfach mit Programmbeispielen untersucht worden ist (siehe Knuth 1973, Zaks 1981, S. 170ff., Schauer 1982, S. 110ff., S. 146ff, Ottmann und Widmayer, 1980, S. 100).

Das hier mit dem Programm SORTIEREN vorgestellte Sortierverfahren bewerkstelligt die Sortieraufgabe, gegebene Zahlen aufsteigend zu sortieren, durch paarweises Vertauschen. Die zu sortierenden Zahlen werden in einem ARRAY angeordnet. Dann werden je zwei aufeinander folgende Zahlen dieses ARRAYs verglichen, beginnend mit der ersten Zahl des ARRAYs. Wenn die erste Zahl dieses Zahlenpaares größer als die zweite ist, so werden die Plätze beider Zahlen vertauscht. Dieser Vertauschungsvorgang wird mit der Prozedur TAUSCH vorgenommen. (Programmzeilen 12-16). Wenn keine Vertauschung mehr vorgenommen werden kann, ist die Zahlenfolge des ARRAYs sortiert.

Im Programm werden in den Zeilen 20 bis 28 die zu sortierenden Zahlen interaktiv vom Benutzer über die Tastatur eingegeben. Es können maximal 100 Zahlen sortiert werden. Diese Anzahl ist in der Variablen ANZAHL festgehalten, die in Zeile 24 eingelesen wird.
Die eingegebenen Zahlen werden einer ARRAY-Variablen mit Namen SPEICHER zugewiesen (Programmzeile 27). In der FOR-Schleife von Zeile 35 werden die Indexpositionen aller aufeinanderfolgenden Zahlenpaare verwaltet: (1,2), (2,3), (3,4), (4,5) usw. In der Programmzeile 36 wird der Größenvergleich des jeweiligen Zahlenpaares, das an den Stellen SPEICHER[I] und SPEICHER[I + 1] steht, vorgenommen. Wenn die größere vor der kleineren Zahl steht, wird mit der Prozedur TAUSCH ein Austausch beider Positionen vorgenommen (Programmzeile 38). Die Prozedur besitzt formale variable-Parameter und kann daher den Inhalt der ARRAY-Variablen SPEICHER manipulieren. Die boole'sche Variable SORTIERT ist TRUE, wenn bei einem Durch-

```
PROGRAM sortieren;
{ Das Programm sortiert max. 100 Integer-Zahlen aufsteigend durch paarweises
  Vertauschen (bubble - sort) }

TYPE feld = ARRAY[1..100] OF integer;
VAR  speicher : feld;
     i,anzahl : integer;
     sortiert : boolean;

PROCEDURE tausch (VAR x,y : integer);
  VAR r : integer;
BEGIN
  r := x;   x := y;   y := r;
END; { procedure }

BEGIN  { Hauptprogramm }

{ Dateneingabe }

writeln(' Das Programm sortiert aufsteigend bis zu 100 Integer-Zahlen.');
writeln(' Wieviele Zahlen wuenschen Sie zu sortieren? Bitte Anzahl angeben.');
readln(anzahl);
writeln(' Bitte gebe ',anzahl,' Zahlen ein.');
writeln(' Getrennt durch jeweils eine RETURN-Schaltung.');
FOR i:=1 TO anzahl DO readln(speicher[i]);
writeln(' Die Dateneingbabe ist beendet.');

{ Verarbeitung }

REPEAT

  sortiert := true;
  FOR i := 1 TO anzahl-1 DO
      IF speicher[i] > speicher[i+1] THEN
         BEGIN
         tausch(speicher[i],speicher[i+1]);
         sortiert := false;
         END;
UNTIL sortiert;

{ ausgabe }

writeln(' Die Ausgabe der sortierten Zahlen:');
FOR i := 1 TO anzahl DO
    BEGIN
    IF ((i MOD 5)=0) THEN writeln;
    write(speicher[i]:16);
    END;
END.
```

Listing des Programms SORTIEREN

lauf der FOR-Schleife kein Austausch mehr vorgenommen wird. Dann wird die REPEAT-Schleife in Zeile 41 verlassen. Das ARRAY ist sortiert. Im Ausgabe-Teil des Programms werden die Zahlen zeilenweise zu je vier Zahlen ausgegeben, bei jeder fünften Zahl wird mit WRITELN eine Zeilenschaltung vorgenommen.

Zu dem Programm lassen sich folgende Bemerkungen machen. Bei jedem Durchlauf der REPEAT-Schleife rückt das jeweils größte Element des ARRAYs auf den der Sortierung entsprechenden Platz. Im ersten Durchlauf rückt das größte Element auf den hintersten Platz, im zweiten Durchlauf das zweitgrößte auf den vorletzten Platz usw. Dies bedeutet, daß in Zeile 36 der Größenvergleich $(ANZAHL-1)^2$ mal durchgeführt wird. Da jedoch die letzten Elemente des ARRAYs bereits sortiert sind, braucht man dort den Vergleich nicht mehr. Das Programm ließe sich also dahingehend verbessern, daß im k-ten Durchlauf der REPEAT-Schleife die FOR-Schleife bloß bis (ANZAHL-K) durchzählt. Dieses läßt sich mit einer Zählvariablen K erreichen, die zählt, wie oft die REPEAT-Schleife bereits durchlaufen ist. Dann sinkt der Aufwand für den Größenvergleich in Zeile 36 auf $\frac{1}{2}(ANZAHL)^2$. Bei 100 Zahlen sind demnach anstelle von 10 000 Vergleichen nur noch 5 000 durchzuführen. Mit dem Quicksort-Konzept läßt sich der Rechenaufwand von $\frac{1}{2}n^2$ auf n.ld(n) weiter senken, wenn n die Anzahl der Zahlen ist.[1)]

Als zweite Bemerkung sei auf die Verwendung der ARRAY-Variablen SPEICHER hingewiesen. Diese Variable ist als ARRAY von 100 Zahlen deklariert worden (Zeilen 7 und 8). Solange die Anzahl der sortierenden Zahlen kleiner als 100 ist, wird das ARRAY beim Einlesen in Zeile 27 nicht vollständig belegt. Wir sehen, daß wir mit der Variablen SPEICHER umgehen können, ohne daß sie vollständig mit Werten belegt ist.

Die dritte Bemerkung zielt auf den Datentyp, der sortiert wird. Im vorgestellten Programm sind es INTEGER-Zahlen. Das Programm kann jedoch ebenso gut REAL, CHAR oder bei UCSD-PASCAL sogar auch STRING-Größen sortieren. Für alle diese Typen ist der Grössenvergleich von Zeile 36 zulässig und ebenso der Austausch mit der Prozedur.

----

1) ld ist der Logarithmus zur Basis 2.
   Zum Quicksortkonzept siehe Zaks, 1981.

Wenn das Programm für mehrere Datentypen eingesetzt werden soll, so empfiehlt es sich, es ein wenig abstrakter zu formulieren. Vor der Vereinbarung des Typs FELD in Zeile 7 wird in Zeile 6 der Datentyp vereinbart, der sortiert werden soll, etwa:

```
TYPE ART = INTEGER;
```

Dieses ist eine vom Benutzer festgesetzte Typendeklaration.

Nun wird überall dort im Programm, wo auf den Datentyp INTEGER für die zu sortierenden Zahlen Bezug genommen wird, die TYPEN-Bezeichnung ART eingesetzt: In Zeile 7: Der Typ FELD wird zum ARRAY [1..1oo] OF ART;
In Zeile 12: Die formalen variable-Parameter der Prozedur werden vom Typ ART.
In Zeile 13: Die Variable R wird vom Typ ART.

Nun kann durch Verändern der Typendeklaration ART in Zeile 6 das Programm auf jeden der Datentypen REAL, CHAR oder STRING eingestellt werden (Die Eingabeaufforderungen in Zeile 22, 23, 25 sind entsprechend umzuformulieren), z.B.

```
TYPE ART = STRING;
```

Es zählt zu den besonderen Vorzügen dieses Sortierprogramms, daß es leicht auf andere Datentypen umzustellen ist.

Kapitel 5 Die Datenübertragung zur Diskette – Textfiles

Die bisher besprochenen Programme zeichnen sich dadurch aus, daß die Daten über die Tastatur eingegeben und über Bildschirm oder Drucker ausgegeben werden. Diese Organisation von Daten-Input und-Output soll in diesem Kapitel erweitert werden. Gezeigt wird hier, wie die Diskette als Datenquelle und auch als Archiv für Outputdaten genutzt werden kann. Diese Datenorganisation besitzt die Vorteile, daß große Datenmengen fehlerfrei in das und aus dem Programm transferiert werden können und dieser Transfer automatisiert ist, d.h. von der Programmebene aus aktiviert werden kann.

Daten auf einer Diskette zu speichern, löst jedoch nicht alleine die formalen Probleme des Dateninputs und -outputs. Vielmehr wird dadurch, daß Datensätze auf einer Diskette von der Programmebene angesprochen werden können, auch die Möglichkeit gegeben, diese Datensätze vom Programm aus zu manipulieren, d.h. die klassischen Datei-Operationen werden möglich, wie das Durchsuchen eines Datensatzes nach besonderen Kriterien, das Kopieren von Daten, das Löschen von Daten und das Ändern und Ergänzen von Daten.

Datentransfer zur Diskette ist eine benutzerorientierte Fragestellung. Innerhalb des Systems PASCAL bedeutet sie informationstechnisch, daß Textfiles manipuliert werden. Auf der Diskette werden die Daten als Textfiles gespeichert. Dieses ist die einfachste und anschaulichste Form der Datenspeicherung. Daneben besitzt das PASCAL noch andere (allgemeinere) Dateiformen, etwa den Typ FILE[1]. Sie sollen hier nicht besprochen werden. Dieses Kapitel gibt eine Darstellung darüber, wie Textfiles aufgebaut sind, wie sie angelegt, geschrieben und gelesen werden können. Den Abschluß des Kapitels bilden Anwendungen des Textfile-Konzepts.

----

1) Tatsächlich ist ein Textfile ein FILE OF CHAR.

§1 Die Organisation von Textfiles

In einen Textfile können Werte von Variablen des Typs INTEGER, REAL, CHAR und STRING hineingeschrieben, d.h. gespeichert werden und auch herausgelesen werden. Beim Speichern in Textfiles wandelt das System alle Typen in STRINGs um und legt sie in dieser Form in den Zeilen ab. Die INTEGER-Zahl 627 benötigt daher 3 Kästchen in einer Zeile, die REAL-Zahl -5.81 benötigt 5 Kästchen, eine Variable vom Typ CHAR ein Kästchen, eine STRING-Variable belegt so viele Plätze in einer Zeile, wie es der Länge des STRINGs entspricht. Das Ende einer Zeile eines Textfiles wird durch das RETURN-Zeichen festgesetzt, das kein Zeichen vom Typ CHAR ist.

Anschaulich gesprochen ist ein Textfile eine Anzahl von aufeinanderfolgenden Zeilen, die verschieden lang sein können. In jeder Zeile sind Zeichen aufgereiht, d.h. Werte vom Typ CHAR (vgl. Abb. 13). Jede Text-Datei eines Programms ist ein Textfile. Wenn wir sie mit dem EDIT-Status auf den Bildschirm projizieren oder ausdrucken, erkennen wir den zeilenweisen Aufbau. In diesem Falle ist die Zeilenlänge des Textfiles jedoch auf 80 bzw. 127 Zeichen begrenzt. Diese Begrenzung entfällt aber bei Textfiles, deren Zeilen beliebig viele Zeichen enthalten dürfen. Man kann sich also ein Textfile wie ein Formular vorstellen, in das man Texte oder Zahlen schreiben will. Das Formular ist zeilenweise organisiert und besitzt in jeder Zeile Kästchen. Will man das Formular beschreiben, so darf man nur ein Zeichen in jedes Kästchen setzen.

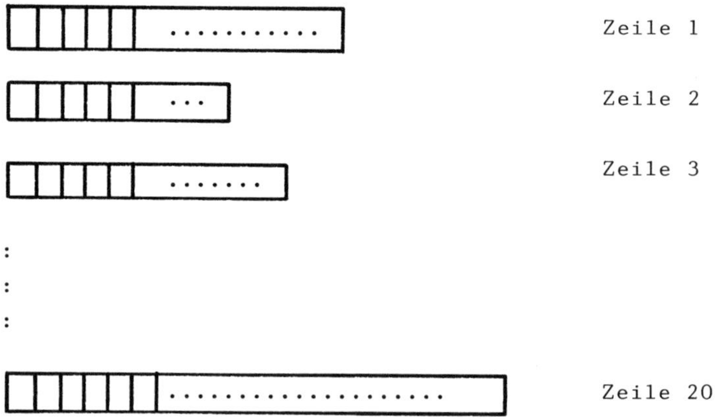

Abb. 18: Der Aufbau eines Textfiles mit 20 Zeilen

Textfiles sind auf der Diskette unter einem Namen aktivierbar. Dabei folgt die Namensgebung den Regeln für Namen von Programmtexten in Kapitel 1. Mit dem Namen ist in UCSD-PASCAL die Identifizierung .TEXT als Anhang zu verbinden. Daran erkennt das System ein Textfile auf der Diskette. Ein Textfile mit dem Namen DATEN ist auf der Diskette also unter

DATEN.TEXT

verzeichnet und erscheint derartig im Directory-Listing der Dateien. Im TURBO-PASCAL ist keine derartige Kennung vorgeschrieben. Es kann jedoch in ähnlicher Weise als

DATEN.TXT

verfahren werden.

§2 Das Lesen und Schreiben von Textfiles

Das Lesen aus und Schreiben von Daten in Textfiles geht auf der Programmebene mit den Befehlen READ (bzw. READLN) und WRITE (bzw. WRITELN) vor sich. Hierzu sind einige Vorkehrungen zu treffen. Zunächst ist für jedes Textfile, das vom Programm angesprochen werden soll, eine eigene Dateivariable in die Variablendeklaration des Programms aufzunehmen. Diese Dateivariable muß als vom Typ TEXT deklariert werden. Sollen etwa Daten aus einer Umsatz-Statistik einer Unternehmung gelesen werden,und diese Daten sind auf einer Diskette unter dem Namen UMSATZ.TEXT bzw. UMSATZ.TXT gespeichert, so kann die zugehörige Dateivariable etwa den Namen V_UMSATZ erhalten (V für Variable).

Die Vereinbarung dieser Variablen sähe dann so aus:

```
VAR V_UMSATZ:TEXT;
```

Nachdem die Dateivariablen vereinbart worden sind, müssen nun im Programm die Textfiles "eröffnet" werden. Dies geschieht im Anweisungsteil des Programms. Beim Eröffnen von Textfiles muß man sich zunächst darüber klar werden, welche der beiden Operationen - Lesen oder Schreiben - mit dem Textfile ausgeführt werden sollen. Nach dem Eröffnen kann es nämlich entweder nur gelesen oder nur geschrieben werden.

Die Verfahren zur Eröffnung von Files stellen wir getrennt für UCSD- und TURBO-PASCAL vor. Wir nehmen an, daß die Diskette mit dem genannten Textfile UMSATZ.TEXT im Laufwerk#5: des Mikrocomputers steckt bzw. für den Fall von TURBO-PASCAL das Textfile UMSATZ.TXT in Laufwerk B:. Diese Laufwerksbezeichnung ist beim Eröffnen mit anzugeben. Dabei werden Laufwerkbezeichnung und Name des Textfiles als ein STRING in der folgenden Weise zusammengesetzt:

Das Eröffnen in UCSD-PASCAL:

Das Eröffnen zum Lesen geschieht mit folgendem Befehl:

```
RESET(V_UMSATZ, '#5:UMSATZ.TEXT');
```

Das Eröffnen zum Schreiben mit dem Befehl:

```
REWRITE(V_UMSATZ, '#5:UMSATZ.TEXT');
```

Allgemein besitzen die beiden Befehle RESET UND REWRITE die Syntax, daß in der Klammer zunächst die Dateivariable erscheint, und dann, durch Komma getrennt, der STRING, der Laufwerk und Dateinamen enthält.

Das Eröffnen in TURBO-PASCAL:

Das Eröffnen zum Lesen geschieht mit folgenden beiden Befehlen:

```
ASSIGN(V_UMSATZ, 'B:UMSATZ.TXT');
RESET(V_UMSATZ);
```

Das Eröffnen zum Schreiben wird vorgenommen als

```
ASSIGN(V_UMSATZ, 'B:UMSATZ.TXT');
REWRITE(V_UMSATZ);
```

Beim TURBO-PASCAL tritt also zum RESET- und REWRITE-Befehl der ASSIGN-Befehl hinzu, der die Dateivariable mit dem Dateinamen auf der Diskette verbindet.

Der RESET-Befehl bewirkt, daß beim nachfolgenden Lesen mit dem ersten Kästchen in der ersten Zeile des Textfiles UMSATZ begonnen wird. Der REWRITE-Befehl hat zur Folge, daß ein unter dem Namen UMSATZ auf der Diskette existierender Textfile von den nachfolgenden Schreibbefehlen überschrieben wird, d.h. die ursprünglichen Informationen dieses Textfiles gehen verloren. Sofern kein Textfile mit dem Namen UMSATZ bisher existiert, wird ein Textfile dieses Namens neu angelegt.

Die Befehle RESET und REWRITE dürfen nicht auf Textfiles angewendet werden, die bereits zuvor im Programm eröffnet worden sind. Vielmehr sind die eröffneten Textfiles zuvor zu "schliessen" (siehe unten).

Die Lesebefehle eines Textfiles:

Die Textfiles sind sequentiell aufgebaut, d.h. die darin gespeicherten Daten werden in einer Reihenfolge gelesen, die zeilenweise vor sich geht, beginnend mit der ersten Zeile des Textfiles, und in einer Zeile wird kästchenweise gelesen, beginnend mit dem ersten Kästchen links.Entsprechend dieser sequentiellen Organisation werden die Daten gelesen, beginnend mit dem ersten Kästchen in der ersten Zeile (Dateianfang). Zum Lesen der Daten wird dem System als Ausschnitt aus dem ganzen Datenbestand jeweils nur ein Kästchen präsentiert ("Fenstervariable"). Nach jedem Lesevorgang rückt das Fenster ein oder mehrere Kästchen vor, je nachdem, welcher Variablentyp gelesen wurde. Zur Veranschaulichung der Leseorganisation siehe Abb. 19

Zum Verständnis des Lesevorgangs ist uns noch klar zu machen, daß im Textfile die Daten zunächst vom Typ CHAR sind. In jedem Kästchen ist ein Zeichen, sei es auch ein Leerzeichen, also ein Wert vom Typ CHAR. Interessant am Lesevorgang ist jedoch, daß der READ-Befehl diese Zeichen interpretiert, je nach Variablentyp, der gelesen werden soll. Dies geschieht mit einer formalen Stringanalyse. Haben wir etwa die Zeichenfolge '624.8',

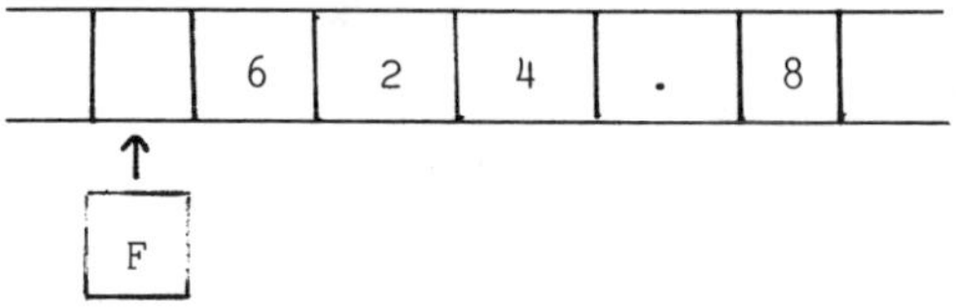

und das Lesefenster ist vor der 6 positioniert, so bewirken sechs aufeinander folgende READ-Befehle, die eine CHAR-Variable lesen, daß die sechs Zeichen blank, '6', '2', '4', '.', '8' gelesen werden.

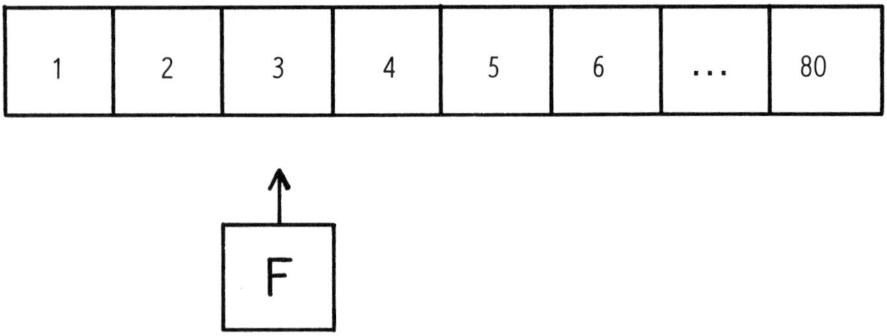

Abb. 19: Positionierung des Lesefensters F auf das dritte Kästchen einer Zeile

Dagegen liest ein READ-Befehl für eine INTEGER-Variable den Wert 624, ein READ-Befehl für eine REAL-Variable den Wert 624.8, ein READ-Befehl für eine STRING-Variable den STRING, der von der Fensterposition bis zum Zeilenende reicht.

Um diesen Sachverhalt zu erläutern, soll auf die Leseanweisung getrennt nach Variablentypen eingegangen werden. Für alle Variablentypen gilt zunächst die gleiche Syntax der READ-Anweisung

```
READ(Dateivariable, Variablenname);
```

Von der bisher bekannten READ-Anweisung, die Daten von der Tastatur übernimmt, unterscheidet sich die Leseanweisung von Textfiles also dadurch, daß die Dateivariable in der Klammer der READ-Anweisung stehen muß. Im Beispiel des Textfiles UMSATZ sieht die Leseanweisung für eine Variable X dann so aus:

```
READ(V_UMSATZ,X);
```

Je nach Position des Lesefensters wird X dann ein Wert zugewiesen. Nach der Eröffnung eines Textfiles zum Lesen mit RESET steht das Lesefenster auf dem ersten Kästchen der ersten Zeile und rückt dann nach jedem READ-Befehl weiter vor. Dem sequentiellen und zeilenweise gestalteten Aufbau eines Textfiles entspricht das sequentielle Fortschreiten des Lesefensters.

Um dem System beim Lesen das Ende einer Zeile und das Ende des Textfiles überhaupt mitzuteilen, stehen die beiden boole'schen Steuervariablen EOLN ("End of line") und EOF ("End of

File") zur Verfügung. Die boole'schen Werte dieser Steuervariablen hängen vom Zustand des Textfiles ab, insbesondere von der Position des Lesefensters, d.h. sie werden vom Programmablauf indirekt zugewiesen. Es ist jedoch nicht möglich, ihnen unmittelbar mit einer Anweisung Werte zuzuweisen, wie etwa

```
EOF(V_UMSATZ):=TRUE;
```

Umgekehrt kann aber mittels einer Zuweisung der Wert dieser Steuervariablen abgefragt werden, etwa

```
B:=EOF(V_UMSATZ);
```

oder direkt als Steuervariable in eine Kontrollstruktur eingesetzt werden, wie

```
WHILE EOF(V_UMSATZ)...
UNTIL EOF(V_UMSATZ);
IF EOLN(V_UMSATZ)...
```

An diesen Beispielen sehen wir, daß bei der Verwendung der Steuervariablen EOF und EOLN die jeweilige Dateivariable in Klammern angefügt werden muß, auf die sich die boole'schen Abfragen EOF und EOLN beziehen sollen.

Den Größen EOF und EOLN werden nach einem RESET die Werte FALSE zugewiesen. Ist das letzte Zeichen eines Textfiles gelesen, so werden beide auf TRUE gesetzt. Die Ausführung einer Leseanweisung ist nur dann möglich, wenn EOLN den Wert FALSE besitzt. Dieser Hinweis ist von Bedeutung, wenn beim Lesen das Zeilenende erreicht wird, d.h. ein RETURN-Zeichen gelesen wird und dadurch EOLN gleich TRUE gesetzt wird. Mit dem Befehl

```
READLN(Dateivariable);
```

wird EOLN(Dateivariable) wieder gleich FALSE gesetzt - sofern EOF gleich FALSE ist. Zugleich springt das Lesefenster an den Anfang der nächsten Zeile. Der READLN-Befehl steuert also den Sprung zur nächsten Zeile und den Zustand der Variablen EOLN.

Wir wollen nun die Leseanweisungen für die einzelnen Variablentypen diskutieren.

<u>Lesen einer CHAR-Variablen C</u>

Der Befehl READ(Dateivariable, C); weist C das Zeichen zu, das in dem Kästchen steht, auf den der Lesekopf weist. Nach dem Lesen wird der Lesekopf ein Kästchen weiter gesetzt - sofern das Zeilenende nicht erreicht ist. Wurde das RETURN-Zeichen einer Zeile gelesen, so wird EOLN(Dateivariable) gleich TRUE gesetzt. Der Lesekopf verbleibt in der alten Zeile und der Variablen C wird das Zeichen ' ' (blank) zugewiesen.

Lesen einer INTEGER-Variablen I

Eine INTEGER-Größe steht als STRING von Ziffern-Zeichen (einschließlich Vorzeichen) im Textfile.

Dementsprechend sucht die Leseanweisung READ(Dateivariable, I); diesen STRING im Textfile, und zwar beginnend an der Position des Lesefensters.

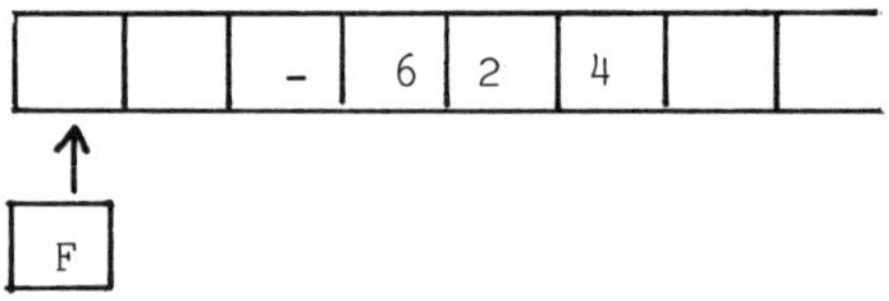

In diesem Beispiel steht das Lesefenster vor dem STRING, der die Zahl -624 repräsentiert. Zwischen dieser Startposition des Lesefensters bei der Suche nach dem STRING und dem Anfang des STRINGs dürfen nur Kästchen auftreten, die entweder das Leerzeichen ' ' (blank) oder ein Zeichen für die Zeilenschaltung (RETURN) tragen. Beim Lesen einer INTEGER-Variablen werden diese führenden Leerzeichen und RETURN-Zeichen ignoriert. Das Lesefenster erkennt das Ende des STRINGs an allen Zeichen, die nicht eine Ziffer darstellen, also insbesondere am Leerzeichen und am Zeichen für die Zeilenschaltung. Nach der Identifizierung des STRINGs wird dieser gelesen und in einen INTEGER-Wert umgewandelt, welcher der Variablen I zugewiesen wird.

Wenn beim READ(Dateivariable,I);-Befehl der Anfang des INTEGER-STRING nicht identifiziert werden kann, da andere Zeichen als führende Leerzeichen, RETURN-Zeichen, eines der Vorzeichen '+' oder '-' oder eine Ziffer bei der Suche nach dem STRING-Anfang dem Lesefenster präsentiert werden, wird das Programm mit der Fehlermeldung runtime error abgebrochen. Da führende Leerzeichen und führende RETURN-Zeichen beim Lesen eines INTEGER-Wertes ignoriert werden, kann das System beim fortgesetzten Lesen von INTEGER-Werten nicht das Zeilenende erkennen, sofern nach der letzten Zahl ein blank in der Zeile auftritt. EOLN bleibt FALSE.

Lesen einer REAL-Variablen R

Ebenso wie ein INTEGER-Wert steht ein REAL-Wert als STRING in der Zeile eines Textfiles. Ein Befehl

```
READ(Dateivariable,R);
```

führt von der Position des Lesefensters ausgehend die Suche nach dem REAL-STRING in der betreffenden Zeile (oder nachfolgenden Zeilen) aus. Dabei werden wieder führende Leerzeichen und RETURN-Zeichen ignoriert. Das STRING-Ende erkennt der Lesebefehl an einem Leerzeichen, einem RETURN-Zeichen oder einem Zeichen, das keine Ziffer darstellt, ausgenommen der Exponentendarstellung, wie etwa: 'E+3'. Nach der Identifizierung des REAL-STRINGs wird dessen Wert der Variablen R zugewiesen. Wird kein REAL-STRING aufgefunden, so erfolgt - wie im INTEGER-Fall - eine Fehlermeldung. Ebenso wie im INTEGER-Fall kann beim fortgesetzten Lesen von REAL-Werten das Zeilenende vom System nicht erkannt werden, wenn nach der letzten Zahl ein blank in der Zeile auftritt. EOLN bleibt FALSE.

Lesen einer STRING-Variablen S

Nehmen wir an, das Lesefenster befindet sich in einer Positonvor dem Zeilenende einer Zeile. Dann weist der Befehl READ (Dateivariable, S); der Variablen S den STRING zu, der von der Position des Lesefensters bis zum Zeilenende reicht. Der Zeilenrest wird S zugewiesen.

Wenn das Lesefenster am Zeilenanfang steht, wird mit dem READ-Befehl daher der gesamte Zeileninhalt der Variablen S zugewiesen. Hierdurch ist ein bequemes Instrument geschaffen, eine Zeile als ganze zu erfassen. Von dieser Möglichkeit wird beim zeilenweisen Kopieren eines Textfiles Gebrauch gemacht (siehe das Programm MISCHEN in § 3 unten). Allerdings ist bei UCSD zu berücksichtigen daß der STRING S nicht mehr als 80 Zeichen aufnehmen kann. (Mit einer Typendeklaration kann dessen Kapazität auf 255 Zeichen gesteigert werden). Um den möglichen Unverträglichkeiten der Längen auszuweichen, sollte die Zeilenlänge des Textfiles auf 80 Zeichen begrenzt werden.

Nach dem Lesebefehl wird die boole'sche Variable EOLN(Dateivariable) gleich TRUE gesetzt. Eine Fortsetzung von Lesebefehlen ist daher erst nach einem Befehl READLN(Dateivariable); möglich, der EOLN auf FALSE setzt.

Es wird daher empfohlen, auf den READ(Dateivariable,S);-Befehl ganz zu verzichten und stattdessen den Befehl READLN(Dateivariable, S); zu verwenden.

Der READLN-Befehl

Für alle hier genannten Typen von Variablen X entspricht der Befehl

```
READLN(Dateivariable, X);
```

der Befehlsfolge

```
READ(Dateivariable, X);
READLN(Dateivariable);
```

READLN entspricht also dem READ mit einer zusätzlichen Zeilenschaltung und ggf.einem FALSE-Setzen von EOLN. Die Zeilenschaltung

```
READLN(Dateivariable);
```

läßt das Lesefenster an den Anfang der folgenden Zeile wandern.

Eine Folge von READ-Befehlen kann zu einem READ-Befehl zusammengefaßt werden, in dem die zu lesenden Variablen aufgelistet werden, also

```
READ(Dateivariable, X);
READ(Dateivariable, Y);
READ(Dateivariable, Z);
```

entspricht dem Befehl

```
READ(Dateivariable, X, Y, Z);
```

Diese Verwendung des READ-Befehls ist bereits aus Kapitel 1, §5 bekannt, wo es um die interaktive Dateneingabe an der Tastatur ging.

Das Schreiben von Textfiles

Die WRITE- und WRITELN-Befehle dienen dazu, Werte von Variablen in Textfiles zu schreiben. Dabei geht die Anwendung der Schreibbefehle genauso vonstatten, wie sie für die Ausgabe von Daten auf dem Bildschirm beschrieben worden sind (Kapitel 1, §4), nur daß die Daten nun in frei vereinbarten Textfiles geschrieben werden. Wie auf dem Bildschirm, rückt das Schreibfenster nach jedem WRITE-Befehl in der Zeile ein entsprechendes Stück vor.

Auf welches Textfile der WRITE-Befehl schreibt, wird durch die Dateivariable spezifiziert. Die Syntax lautet

```
WRITE(Dateivariable, X);
```

bzw.

```
WRITELN(Dateivariable, X);
```

Bevor WRITE-Befehle ausgeführt werden, ist das Textfile mit einem REWRITE-Befehl zu eröffnen. Eine Folge von WRITE-Befehlen kann zu einem WRITE-Befehl zusammengefaßt werden. Auch die "Feldspezifikation", die angibt, wieviele Kästchen im Textfile für den Wert einer Variablen reserviert werden und wieviele davon nach dem Dezimalpunkt auftreten (bei REAL-Werten), kann auf allgemeine Textfiles übertragen werden, etwa

```
WRITE(Dateivariable, X:7:2);
```

Ein WRITELN-Befehl ohne Variable, d.h.

```
WRITELN(Dateivariable); ,
```

bewirkt, daß das Schreibfenster auf den Anfang der folgenden Zeile gesetzt wird. Der WRITELN-Befehl schreibt tatsächlich ein RETURN-Zeichen an das Ende der vorhergehenden Zeile. Dieses RETURN-Zeichen definiert das Ende dieser Zeile. Wann eine Zeile zu Ende gehen soll, liegt daher in der Freiheit des Programmgestalters. Man ist nicht auf maximal 80 Zeichen pro Zeile festgesetzt. Allerdings bietet die Begrenzung auf 80 Zeichen den Vorteil, daß ein derartiges Textfile besser auf den Bildschirm projiziert und besser ausgedruckt werden kann.

Das Schließen von Textfiles

Nachdem alle Lese- oder Schreibbefehle im Programm ausgeführt worden sind, ist in UCSD-PASCAL das Textfile mit dem Befehl

```
CLOSE(Dateivariable, LOCK);
```

zu schließen. In TURBO-PASCAL lautet der Befehl

```
CLOSE(Dateivariable);
```

Dieser Befehl führt u.a. dazu, daß alle mit dem WRITE-Befehl geschriebenen Daten auf der Diskette unter dem Namen des Textfiles abgelegt und damit gesichert werden.

Es wird empfohlen, vor dem Abschluß eines Programms alle eröffneten Dateien zu schließen. Ansonsten besteht die Gefahr, daß auf der Diskette Dateien oder das Directory zerstört werden. Auch ist daran zu denken, daß beim Wechsel vom Lese- zum Schreibzustand eine Datei zuvor zu schließen ist.

§3 Anwendungen

Interessant für Anwendungen ist die Tatsache, daß die Peripherieeinheiten des Mikrocomputers, wie Bildschirm, Drucker und Diskettenlaufwerke, von der Programmebene aus dem einheitlichen Konzept des Textfiles folgen. Als wir in Kapitel 1, § 6 die Druckerausgabe besprochen hatten, war bereits auf den Drucker als besonderes Textfile hingewiesen worden.

Infolge dieses einheitlichen Konzeptes für die Peripherie-Einheiten gestaltet sich der Datentransfer unter den Peripherieeinheiten und zwischen der Programmebene und der Peripherieeinheiten besonders einfach und komfortabel.

Der Drucker wird in UCSD-PASCAL mit dem REWRITE-Befehl aktiviert:

```
REWRITE(DRUCKER, 'PRINTER:');
```

Hierbei ist DRUCKER als Dateivariable des Textfiles 'PRINTER:' angenommen. Eine entsprechende Aktivierung der Peripherie-Einheit Bildschirm ist in UCSD-PASCAL ebenso möglich, etwa

```
REWRITE(BILD, 'CONSOLE:');
```

Allerdings ist diese Aktivierung nicht unbedingt erforderlich, da beim Programmablauf das Standard-Textfile OUTPUT bereits automatisch zum Schreiben eröffnet und dem Bildschirm als Peripherie zugewiesen wird. In das Textfile OUTPUT werden alle Variablen ausgegeben, die der WRITE-Befehl (Siehe Kapitel 1, §4) in sie schreibt, d.h.

```
WRITE(X);
```

ist in UCSD-PASCAL und TURBO-PASCAL gleichbedeutend mit

```
WRITE(OUTPUT ,X);
```

Die Variable X wird in das Textfile OUTPUT geschrieben und damit auf den Bildschirm ausgegeben. In TURBO-PASCAL ist der Drucker unter der Bezeichnung LST automatisch zum Schreiben eröffnet, so daß ein REWRITE-Befehl hierfür nicht erforderlich ist.

Wir wollen nun im folgenden einige Hinweise auf den Umgang mit Textfiles anhand von Beispielen geben.

Die UCSD-PASCAL-Prozedur PAGE bewirkt durch den Aufruf

```
PAGE(Dateivariable);
```

daß in ein zum Schreiben eröffnetes Textfile ein "Vorschub-Zeichen" geschrieben werden, gleichbedeutend mit 72 mal WRITELN(Dateivariable);. Für den Drucker bedeutet daher der Befehl

```
PAGE(DRUCKER);
```

den Vorschub von einer Druckseite. Für den Bildschirm bedeutet

```
PAGE(OUTPUT); ,
```

daß ein leerer Bildschirm entsteht.

In TURBO-PASCAL fehlt die Prozedur PAGE. Dafür steht die Prozedur ClrScr zur Verfügung (ClrScr = Clear Screen), deren Aufruf den Bildschirm löscht.

Die Anzahl der Zeilen eines Textfiles läßt sich mit folgendem Programmstück feststellen:

```
I:=0;
WHILE NOT EOF(Dateivariable) DO
   BEGIN
   READLN(Dateivariable);
   I:=I+1;
   END;
```

Die Variable I trägt dann die Anzahl der Zeilen. In gleicher Weise kann die Länge einer Zeile berechnet werden; Kästchen für Kästchen wird eine CHAR-Variable C gelesen, bis das Zeilenende erreicht ist:

```
I:=0;
WHILE NOT EOLN(Dateivariable) DO
  BEGIN
  READ (Dateivariable, C);
  I:=I+1;
  END;
```

Man kann diese Technik auch dazu anwenden, um auf eine Zeile mit einer bestimmten Nummer und darin auf eine "Spalte" mit einer bestimmten Nummer das Lesefenster einzustellen ("Random access").

Das Übertragen eines Textfiles mit Variable A auf ein Textfile mit Variable B geschieht in UCSD-PASCAL folgendermaßen:

```
RESET(A,...); REWRITE(B,...);
.
.
.
WHILE NOT EOF(A) DO
   BEGIN
   READLN(A,S);
   WRITELN(B,S);
   END;
CLOSE(A,LOCK); CLOSE(B,LOCK);
```

Für das TURBO-PASCAL sind beim Eröffnen und Schließen entsprechende Änderungen des Programmstücks vorzunehmen, in dem S eine STRING-Variable darstellt.

Indem man die Zeilen von A mitzählt, ist es auch möglich, lediglich einen Teil von A zu übertragen. Von dieser Technik wird im unten dargebotenen Programm MISCHEN Gebrauch gemacht.

Das folgende Programm MITTEL_WERT demonstriert, wie Daten von einem Textfile gelesen, verarbeitet und die Ergebnisse auf ein anderes Textfile ausgegeben werden. Infolge dieser Ausgabetechnik sind die Rechenergebnisse auf der Diskette archiviert und können daher jederzeit abgefragt werden.

Das Programm MITTEL_WERT berechnet aus vorliegenden Zahlen den Mittelwert. Das Berechnungsproblem ist also einfach. Interessant ist die Organisation der Ein- und Ausgabe der Daten.

Zur Verarbeitung stehen drei Datensätze zur Verfügung

1. Datensatz:
1 2 3 4 5 6 7 8 9 10

2. Datensatz:
10 10 10 10 10 20 20 20 20 20

3. Datensatz:
100 200 1 4 76 3 12 45 78 35 123

```
PROGRAM mittel_wert;

{ Das Programm verarbeitet in Abhaengigkeit von Steuerzeichen ( = das
  jeweils erste Zeichen einer Zeile ) den Eingabefile EIN und schreibt
  die Resultate in den Ausgabefile AUS ( beide vom Typ .text)

  Definiert sind folgende Steuerzeichen :

  'c' , 'C' : Kommentarzeile ; sie soll die Lesbarkeit des Eingabefiles
              ==============
              erhoehen. Bei der Verarbeitung werden solche Zeilen ein -
              fach ueberlesen.

  't' , 'T' : Textzeile ; der in dieser Zeile abgelegte String wird ohne
              =========
              Veraenderung in den Ausgabefile AUS uebernommen und dient
              dort der Gliederung / Erklaerung der Resultate.

  'd' . 'D' : Datenzeile ; hier sind die zu verarbeitenden Daten ge -
              ==========
              speichert .

   In diesem Programm werden nur Zahlen vom Typ integer verarbeitet :
   fuer jede Datenzeile des Eingabefiles wird der Mittelwert der dort
   gespeicherten integer - Zahlen ermittelt.   }


 VAR
```

Listing des Programms MITTEL_WERT

```
   ch                                : char;
   name_ein , name_aus , kommentar : string;
   ein,aus,bildschirm              : text;
   zahl,anzahl,summe,mittel        : integer;

 BEGIN
   page(output);  { Bildschirm loeschen }

 {    Definition der Ein - / Ausgabefiles  }

   writeln;
   writeln(' ':15,'***   MITTEL_WERT   ***');
   writeln;
   writeln(' Name des Eingabefiles : (z.B. EIN)'); readln(name_ein);
   writeln;
   writeln(' Name des Ausgabefiles : (z.B. AUS)'); readln(name_aus);

   reset  (ein,concat('#5:',name_ein,'.text'));
   rewrite(aus,concat('#5:',name_aus,'.text'));

   { Verarbeitung des Eingabefiles  }

   WHILE NOT eof(ein) DO
   BEGIN
     read(ein,ch);
     IF ch IN[ 'c','C','t','T','d','D' ]
        THEN BEGIN
               CASE ch OF
                       'c','C' : readln(ein);
```

Listing des Programms MITTEL_WERT

```
                            't','T' : BEGIN
                                        readln (ein,kommentar);
                                        writeln(aus,kommentar)
                                      END;
                            'd','D' : BEGIN
                                        anzahl := 0;
                                        summe  := 0;
                                        WHILE NOT eoln(ein) DO
                                        BEGIN
                                          read(ein,zahl);
                                          anzahl := anzahl + 1;
                                          summe  := summe + zahl
                                        END;
                                        readln(ein);
                                        mittel := summe DIV anzahl;
                                        writeln(aus,'Mittelwert = ',mittel)
                                      END
                            END { case }
                 END
            ELSE readln(ein)
     END; { eof }

     { Schliessen der Files }

     close (ein);

     close (aus,lock) ; { sichert die angelegte Datei }

   END. { mittel_wert }
```

Listing des Programms MITTEL_WERT

Von jedem dieser drei Datensätze soll der Mittelwert berechnet werden. Das Programm soll so aufgebaut sein, daß es nicht von der Anzahl der Datensätze und der Anzahl der Daten pro Datensatz abhängt. Diese Größen sind extern vorgegeben auf dem Textfile der Diskette. Die Art und Weise, wie das Programm die Daten liest, hängt davon ab, wie die Daten in dem Textfile organisiert sind. Zur Vereinfachung nehmen wir an, daß jeder Datensatz in eine Zeile von höchstens 80 Spalten geschrieben werden kann, sich also nicht über zwei oder mehrere Zeilen erstreckt, was durchaus möglich und sinnvoll sein könnte. Da die Daten auf der Diskette archiviert sind, ist es erforderlich, ihnen eine Interpretation beizugeben, z.B. jedem Datensatz eine vorausgehende Zeile mit einer Überschrift, die erläutert, um welchen Datensatz es sich handelt. Völlig unkommentierte Daten auf Textfiles zu archivieren, ist nicht zu empfehlen, da sonst zu leicht Daten entstehen, deren Interpretation schnell vergessen wird; die Daten werden damit wertlos.

Wie oben bei der Erläuterung der drei Datensätze kann man also jedem Datensatz die Überschrift "1.Datensatz:", "2.Datensatz:" usw. geben. Wenn man die Daten auf den Drucker listet, ist damit auch deren Bedeutung gesichert. Für das Programm MITTEL_WERT tritt aber eine Schwierigkeit auf: man muß im Textfile zwischen Zeilen unterscheiden, die Daten tragen, und solchen, die Überschriften tragen. Diese Unterscheidung kann einen hohen Programmieraufwand nach sich ziehen. Es ist eine formale STRING-Analyse vorzunehmen.

Indem man jedoch das Textfile geschickt aufbaut, kann der dafür erforderliche Programmieraufwand deutlich gesenkt werden. In die erste Position einer jeden Zeile des Textfiles wird ein Steuerzeichen geschrieben. Indem das Programm dieses Steuerzeichen abfragt, kann es entscheiden, ob eine Überschrift vorliegt ('t' für Text) oder Daten ('d' für Daten). Der Text der Überschrift kann für die Programmbearbeitung durchaus von Belang sein, etwa wenn der gleiche Text mit den Daten der Mittelwerte ausgegeben werden soll. In dem Textfile mit den Input-Daten wird noch eine dritte Art von Steuerzeichen mitgeführt, das 'c' ('c' für Kommentar). Zeilen, die mit dem 'c' beginnen, werden vom Programm übersprungen. Diese Zeichen dienen dazu, das Textfile lesbar zu gestalten (für das Druckerlisting). So geht jeder Leerzeile ein 'c' voraus. Auch der Name des Textfiles ist in einer Zeile festgehalten. Dadurch können in einfacher Weise die Druckerlistings von Textfiles dem Directory-Verzeichnis der Diskette zugeordnet werden.

Das Textfile mit den drei Datensätzen sähe dann folgendermaßen aus:

```
c
c  Eingabefile EIN
c
t  1. Datensatz :
c
d  1 2 3 4 5 6 7 8 9 10
c
t  2. Datensatz :
c
d  10 10 10 10 10 20 20 20 20 20
c
t  3. Datensatz :
c
d  100 200 1 4 76 3 12 45 78 35 123
c
c  *** Ende EIN ***
```

Der Name des Textfiles ist EIN. Er erscheint in der 2.Zeile. Das Ende des Textfiles ist ebenfalls vermerkt. Die Überschriften tragen das Steuerzeichen 't', die Daten das Zeichen 'd', die übrigen Zeilen das Zeichen 'c'.

Wenden wir uns nun dem Programm MITTEL_WERT zu. Es ist für UCSD-PASCAL konfektioniert. In den Zeilen 3 ... 25 wird eine Erläuterung des Programms gegeben, insbesondere der Steuerzeichen. Das Input-File erhält die Dateivariable EIN, das Output-File die Dateivariable AUS (Zeile 31). In Zeile 35 wird der Bildschirm gelöscht mit PAGE. In Zeile 42 bis 44 werden die Namen der Textfiles auf der Diskette interaktiv abgefragt und gelesen. Dabei wird Laufwerk #5: angenommen. In Zeile 46 und 47 werden die Textfiles eröffnet. Die STRING-Funktion CONCAT setzt aus dem gelesenen Textfile-Namen den zum Eröffnen erforderlichen STRING zusammen. Die Verarbeitung der Daten erfolgt in der WHILE-Schleife 51 ...78 zeilenweise. Dort wird EOF abgefragt. Die Zeile 53 liest das erste Zeichen jeder Zeile. In der anschließenden Zeile wird geprüft, ob das Zeichen ein zulässiges Zeichen ist. Dies geschieht mit der Abfrage, ob CH in der Menge ['c', 'C', 't', 'T', 'd', 'D'] liegt. Ist dies nicht der Fall, so wird zu Zeile 77 gesprungen und die nächste Zeile des Textfiles verarbeitet. READLN(EIN); läßt das Lesefenster in die nächste Zeile des Textfiles springen. Die Zeile 78 ist das Ende der WHILE-Schleife, also beginnt die Verarbeitung erneut in Zeile 51

Ist ein zulässiges Zeichen in Zeile 54 identifiziert, so schließt sich in Zeile 56 eine CASE-Figur an. Ist das Steuerzeichen gleich 'c', so wird die Zeile des Textfiles übersprungen (Zeile 57), ist es gleich 't', so wird die Überschrift in das Outputfile übertragen (Zeile 59 und 60). Ist das Steuerzeichen gleich 'd', so werden in den Zeilen 62 ... 74 die Daten aus der Zeile des Textfiles gelesen, zum Mittelwert verarbeitet, und der Mittelwert wird in das Output-File mit dem Kommentar

'Mittelwert = '

geschrieben.

Läßt man das Programm mit den oben beschriebenen Daten laufen, so erhält man folgendes Output-File:

```
  1. Datensatz :
Mittelwert = 5
  2. Datensatz :
Mittelwert = 15
  3. Datensatz :
Mittelwert = 61
```

Wir erkennen an dem Listing des Output-Files, daß der Name des Textfiles, in dem diese Daten gespeichert werden, nicht auftritt. Ein verbessertes Programm sollte diesen Namen ebenfalls in die erste Zeile schreiben.

Auf eine bisher nicht sichtbar gewordene Schwierigkeit dieses Programms sei noch verwiesen. Das Programm liest Zahlen aus einer Zeile des Eingabe-Files EIN. Das Lesen dieser Zahlen steuert eine WHILE-Schleife von Programmzeile 65...70. Die End-of-Line-Bedingung EOLN(EIN) von Zeile 65 erkennt das Programm aber nur dann, wenn nach der letzten Zahl jeder Datenzeile kein blank mehr auftritt, sondern direkt ein RETURN-Zeichen. Andernfalls tritt ein Abbruch des Programmlaufs ein. Problematisch ist diese Bedingung insofern, als weder ein blank noch ein RETURN im Listing des Eingabefiles erkennbar ist.[1] Diese Unsicherheit über die Korrektheit des Eingabe-Files muß man als Preis dafür anerkennen, daß Textfiles ansonsten ein hohes Maß an Komfort der Datenarchivierung und des Datentransfers bieten.

Das Problem des Zeilenendes beim Zahlen-Einlesen läßt sich dadurch umgehen, daß man eine bestimmte Zahl (etwa -1 oder 999), die mit Sicherheit nicht im Datensatz selbst auftritt, als letzte Zahl in die Datenzeile aufnimmt. Im Programm wird dann überprüft, ob diese Zahl beim Lesen auftritt und dann mit READLN die nächste Zeile des Textfiles angesteuert (vgl. Wilson u. Addyman, 1981, S. 87). Ferner ist ein einfaches Konvertierungsprogramm vorstellbar, das aus numerischen Datenzeilen die letzten blank-Zeichen vor dem RETURN-Zeichen entfernt.

Das komfortable Programmlisting auf dem Drucker

Die Technik, mit Textfiles umzugehen, wollen wir nun für die Fragestellung anwenden, den Komfort des Druckerlistings zu erhöhen, der im UCSD-PASCAL nicht sehr hoch ist, während sich der Ausdruck eines Textfiles im TURBO-PASCAL einfach gestaltet: Das zum TURBO-PASCAL gehörende Dienstprogramm TLIST wird mit dem Execute-Befehl des Hauptmenues aufgerufen. Sodann erscheint die Anfrage, welches Textfile gelistet werden soll. Dessen Druck auf einem Drucker wird von einer laufenden Zeilen-Numerierung begleitet, so daß die Präsentation des Druckbildes wenig zu wünschen übrig läßt. Auch lassen sich reservierte Namen hervorheben.

Anders ist die Situation im UCSD-PASCAL: Hier fehlt ein leistungsfähiges Druckprogramm. Die folgenden Ausführungen beziehen sich daher auf das UCSD-PASCAL, um für diesen Dialekt ein komfortables Druckprogramm zu erstellen. Auch der mit TURBO ausgerüstete Leser kann dieses Programm verfolgen und daraus Anregungen für ein selbstgestaltetes Druckprogramm beziehen.

----

1) In der EDIT-Welt, worein man das Textfile laden kann, läßt sich mit dem Cursor feststellen, ob ein RETURN oder blank nach der letzten Zahl auftritt. Es läßt sich auch an ein spezielles Listing-Programm denken, das ein Textfile an den Drucker ausgibt und das Zeilenende als ein spezielles Zeichen ausdruckt (vgl. auch das folgende Druckerprogramm).

Bisher gestaltete sich der Ausdruck eines Textfiles so, daß in der Filer-Welt der Aufruf T (für Transfer) und

#5:Dateiname.Text,#6:<RETURN>

einen Ausdruck des unter dem Dateinamen vereinbarten Textfiles bewirkt.

Diese Art, einen Ausdruck zu erzeugen, weist verschiedene Nachteile auf: die Befehlsfolge #5: ist vergleichsweise umständlich zu erzeugen, da bei den Zeichen '#' und ':' die SHIFT-Funktion auf der Tastatur bedient werden muß, beim Zeichen '5' aber nicht.[1)]

Ferner muß der Benutzer die Syntax dieses Befehls genau kennen, ohne daß er dabei eine (durchaus mögliche) Hilfe vom System erhält. Drittens kann das Ausdrucken eines Textfiles nur von der FILER-Welt gestartet werden.[2)] Von der COMMAND-Welt ist daher zunächst die FILER-Welt anzusteuern. Dabei wird ein Teil des Systems von der Diskette in den Hauptspeicher gelesen, was für den Benutzer eine Wartezeit entstehen läßt, die den Bedienungskomfort senkt.Viertens gestaltet sich der Ausdruck des Textfiles identisch, wie es auf der Diskette vorliegt; eine durchlaufende Numerierung der Druckzeilen fehlt. Eine derartige Numerierung ist aber durchaus wünschenswert. Der Benutzer erhält einen Eindruck von der "Länge" des Textfiles, die er mit den Längen anderer Textfiles vergleichen kann. Eine Zeilennumerierung erhöht zudem die interpersonelle Kommunizierbarkeit eines Programmtextes. In mündlicher oder schriftlicher Kommunikation kann auf bestimmte Zeilen hingewiesen werden, indem man deren Zeilen-Nummer angibt. Diese Art der Kommunikation ist bei den Ausdrucken, welche der Transfer-Befehl der FILER-Welt erzeugt, nur unter großen Schwierigkeiten möglich. Schließlich vereinfacht und verbessert die Zeilennumerierung auch die Dokumentation und Erläuterung von Programmtexten in Handbüchern.

----

1) Eine Vereinfachung bietet hier eine Tastatur mit frei programmierbaren Funktionstasten. Einer Taste läßt sich dann die Sequenz #5: zuweisen.

2) Von der EDIT-Welt von UCSD-PASCAL kann der Drucker gestartet werden, um den Inhalt des editierten Textfiles im Hauptspeicher zu listen. Hierzu verläßt man die EDIT-Welt mit Quit und wählt im anschließenden Menue die W-Option (W = Write = schreibe). Nach Wahl von W gibt man die Sequenz #6: <RETURN> ein.

So wie es im hier vorliegenden Buch geschieht, kann stets mit der Angabe der Zeilen-Nummer auf eine Programmzeile verwiesen werden. Als fünfter Punkt, der beim herkömmlichen Ausdruck-Befehl auffällt, sei darauf aufmerksam gemacht, daß keine Möglichkeiten geboten werden, die Präsentation des Druckbildes zu gestalten, wie etwa Wahl der Schriftart, Fettdruck, seitenweise Organisation des Ausdrucks mit Seitennumerierung, Seitenüberschrift etc.

Das hier nun vorzustellende Programm DRUCK versucht, die genannten Nachteile des Transfer-Befehls zum Drucken zu vermeiden. Wenn das Programm auf der System-Diskette gespeichert ist, läßt es sich in der COMMAND-Welt mit folgender Befehlsfolge starten:

X (für Execute)

Auf die Anfrage Execute what file? wird geantwortet:

*DRUCK

Diese Antwort erfordert eine durchgehende SHIFT-Funktion, nicht aber deren Wechsel wie bei #5:. Der Benutzer braucht sich nur noch den Namen Druck des Druckerprogramms zu merken und daß es auf der System-Diskette mit * aufgerufen werden kann.

Alle übrigen Angaben werden nun vom Programm interaktiv abgefragt. Der Benutzer wird also stärker vom System unterstützt.

In Zeile 18 des Programms wird die Laufwerks-Nummer abgefragt, in dem die Diskette steckt, worauf das zu listende Textfile gespeichert ist. In den Zeilen 20 und 21 wird der Name des Textfiles abgefragt. Der Benutzer braucht nicht mehr das .TEXT mit einzugeben. Für einen Ausdruck des Arbeitsbereichs SYSTEM.WRK braucht er lediglich s einzutippen. Diese Möglichkeit ist deswegen vorgesehen, da beim Editieren von Programmen häufig Ausdrucke benötigt werden. In den Zeilen 24 und 27 werden noch die Features Fettdruck und Seiten-Numerierung abgefragt. Die Einstellung des Druckers auf Fettdruck ist hier als ein Beispiel dafür zu verstehen, daß beim Drucker verschiedenartige Features eingestellt werden können. Wie die Einstellung vor sich geht, hängt vom Drucker ab. Bei den meisten Matrix-Druckern muß zunächst ein "lead-in"-Zeichen dem Drucker über-

```

PROGRAM druck;
{ Dient dem Numerieren der Zeilen eines Textfiles und Ausgabe auf Drucker. }
VAR in1,out1    : text;
    s,s1,s2     : string;
    i,j,k       : integer;
    fett,seite  : char;


BEGIN        { Hauptprogramm }

rewrite(out1,'PRINTER:');writeln;
writeln('   Das Programm gibt Textfile auf Drucker aus mit Zeilennumerierung');
writeln;
writeln('          INTERAKTIVE  EINGABE');
writeln('          ====================');
writeln;writeln;
writeln('     Nummer des Laufwerks(4/5)?');
readln(s2); writeln;
writeln('     Name des Textfiles? (ohne Suffix .TEXT)');
writeln('     Gebe "S" ein fuer "System.Wrk"!');readln(s);
IF (length(s)=1) AND (s[1] IN ['s','S']) THEN s:='System.wrk';
writeln;
writeln('     Fettdruck einschalten(y/n)?');readln(fett);
IF (fett IN ['y','Y']) THEN write(out1,chr(27),'!'); { Fettdruck ein }
writeln;
writeln('     Seiten-Numerieren(y/n)?');readln(seite);
IF (seite IN ['y','Y']) THEN
   BEGIN
   writeln('Am Drucker den Seitenanfang einstellen!');
   seite:='y';
   END;
writeln('Den Druck starten mit RETURN');readln;
s1:=concat('#',s2,':',s,'.Text');
```

Listing des Programms DRUCK

```
writeln;writeln;
writeln('     Das Programm gibt das Textfile ',s1,' auf den Drucker aus:');
i:=1;j:=1;k:=6; { I zaehlt die Zeilen des Textfiles, J die Seiten, die ge-
                  druckt werden, und K die Zeilen , die pro Seite ge-
                  druckt werden (einschliesslich Leerzeilen) }
reset(in1,s1);


WHILE NOT eof(in1) DO
   BEGIN
   readln(in1,s);
   IF (i=1) AND (seite='y') THEN
      BEGIN
      writeln(out1);writeln(out1);
      writeln(out1,'     * Seite 1 * Textfile: ',s1);
      writeln(out1); writeln(out1);
      END;

   IF (seite='y') AND (k=71) THEN
      BEGIN
      writeln(out1,' ':50,'* Fortsetzung naechste Seite *');
      writeln(out1);
      writeln(out1); writeln(out1);
      writeln(out1,'     * Seite ',j,' * Textfile: ',s1);
      writeln(out1);writeln(out1);j:=j+1;k:=6;
      END;
   writeln(out1,i:3,':',s);
   i:=i+1;k:=k+1;
   END;            { While EOF }

close(in1,lock);writeln(out1);
write(out1,chr(27),'"');{stellt Fettdruck aus}
END.
```

Listing des Programms DRUCK

mittelt werden, als Hinweis darauf, daß nun ein Feature eingestellt wird. Bei den Druckern von ITOH und EPSON handelt es sich um das Bit-Muster, das zum ESCAPE-Zeichen gehört (ESC-Taste). Dieses Muster wird mit der CHR-Funktion erzeugt.[1] CHR(27) sendet das zu ESC gehörige Bit-Muster über einen WRITE-Befehl zum Drucker (siehe Zeile 25). Das Zeichen '!' stellt (beim ITOH-Drucker 8510) den Fettdruck ein.

In Zeile 34 wird mit der CONCAT-Funktion der STRING S1 zusammengestellt, der aus den vom Benutzer eingetippten Angaben über Laufwerk-Nummer und Textfile-Name den STRING zusammensetzt, der für den RESET-Befehl in Zeile 40 erforderlich ist. Da die CONCAT-Funktion nur STRING-Variable miteinander verkettet, ist die Laufwerks-Nummer in Zeile 19 der STRING-Variablen S2 zugewiesen worden.

Das Textfile wird in der WHILE-Schleife von 43...63 verarbeitet. In Zeile 45 wird eine Zeile gelesen und in Zeile 61 ausgedruckt. Bei diesem Ausdruck wird dem auszudruckenden STRING S die laufende Zeilen-Nr.I und ein Doppelpunkt vorangestellt. Für den Zeilen-Zähler I werden durch I:3 drei Stellen reserviert (siehe Zeile 61). Die beiden IF-Bedingungen in Zeile 46 und 53 steuern das Druckbild, wenn der Benutzer eine Seiten-Numerierung wünscht. Dabei wird davon ausgegangen, daß 72 Zeilen auf eine Druckseite passen.

Das Mischen von Textfiles

Die zeilenweise Organisation von Textfiles ermöglicht es auf einfache Weise, zwei Textfiles zu einem dritten zusammenzumischen. Mit dieser Technik werden Funktionen eines Grob-Editors realisiert. Das Mischen von Textfiles ist dann von Bedeutung, wenn ein Programmstück aus einem Programm - etwa eine Prozedur - in ein anderes Programm übertragen werden soll. Indem man das gewünschte Programmstück in ein bestehendes anderes Programm hineinkopiert, erspart man sich Übertragungsarbeit und vermeidet dabei entstehende Übertragungsfehler. Ein Programm, das eine derartige Mischung vornimmt, kann auf die beim Programm DRUCK realisierte Durchnumerierung der Zeilen zurückgreifen. Die Zeilennummern dienen der Abgrenzung des Bereichs, der kopiert werden soll und bezeichnen die Stelle, an welche die Kopie eingeschoben werden soll.

----

1) Vgl. die Tabelle der ASCII-Zeichen.

Das Programm MISCHEN geht von zwei bestehenden Textfiles aus, welche die Dateivariablen Quelle1 und Quelle2 haben. Aus beiden Dateien mischt es ein drittes Textfile, das die Dateivariable mix besitzt und unter dem Namen MIX.TEXT auf Laufwerk #5: ausgegeben wird (bei TURBO-PASCAL wäre dies Laufwerk B:). Im Programm werden zwei Mischungsvorgänge zur Auswahl angeboten: Anhängen oder Bereich kopieren. Beim Anhängen wird das Textfile Quelle1 zunächst auf mix kopiert (Zeile 44) und anschließend Quelle2 auf mix kopiert (Zeile 45). Anschaulich gesprochen werden die Zeilen von Quelle2 an die von Quelle1 angehängt.

Bei der Wahl von "Bereich kopieren", werden drei Zeilennummern abgefragt und eingelesen (Zeile 47 und 48): Die Anfangs- und Endzeile des Teils von Quelle2, der in Quelle1 kopiert werden soll. Ferner die Trennzeile. Diese Zeile bezeichnet die Zeile von Quelle1, auf die folgend die Kopie von Quelle2 angelegt wird. Nachdem der Teil von Quelle2 kopiert worden ist, wird der Rest von Quelle1 in mix geschrieben. Dieser Einmischvorgang wird mit der Prozedur copy realisiert (Zeile 13...20).

```
PROGRAM mischen;
{ ermoeglicht zeilenorientiertes Mischen zweier Textfiles}
TYPE   menge = set of char;
VAR
  quelle1,quelle2,mix                      : text;
  name_q1,name_q2,nr1,nr2,display,ch1      : string;
  ch                                       : char;
  laenge_q1,laenge_q2,
  anfang,ende,trenn,i                      : integer;
  alpha,laufw                              : menge;

PROCEDURE zeilencopy (VAR ein,aus : text);
VAR  zeile  : string;
BEGIN  readln(ein,zeile);  writeln(aus,zeile); END; { zeilencopy }

PROCEDURE  eingabe(VAR x:string; y: menge);
 VAR B:boolean;
     I:integer;
     S:string;
BEGIN
B:=true;
REPEAT
   IF NOT B THEN writeln('       FALSCHE EINGABE! BITTE WIEDERHOLEN.');
   B:=TRUE;
   readln(S);
   FOR I:=1 TO LENGTH(S) DO
      IF B AND ( NOT (S[I] IN y)) THEN B:= false;
   IF (LENGTH(S)=0) THEN B:=false;
UNTIL B;
x:=S;END;

BEGIN { MISCHEN }
PAGE(OUTPUT); { Bildschirm loeschen }
alpha:=['a'..'z','A'..'Z','0'..'9',' ','-','/'.'_'.'.']; laufw:=['4','5'];
display:='Gebe "S" fuer System.Wrk an.)';
writeln('***   M I S C H E N   ***');
writeln;
writeln('Das Programm vermischt 2 Textfiles Quelle1 und Quelle2 zum File MIX');
writeln('Die Verarbeitungsform Anhaengen erzeugt in MIX zunaechst eine Kopie');
writeln('von QUELLE1  und stellt im Anschluss eine Kopie von QUELLE2 nach.');
```

Listing des Programms MISCHEN

```
writeln('Die Verarbeitungsform Bereich kopieren gibt Ihnen die Moeglichkeit,');
writeln('nur Teile von QUELLE2 (Anfangs- bis Endezeile) in den File MIX');
writeln('zu uebernehmen. Die Kopie dieses Bereichs findet sich in MIX');
writeln('n a c h  der Trennzeile (QUELLE1). Das File MIX ist in Laufwerk 5.');
writeln;
writeln('Gebe den Namen von Quelle1 an (z.B. Datei1 .',display);
eingabe(name_q1,alpha);
write('Gebe die Laufwerksnummer von Quelle1 an (4/5):');eingabe(nr1,laufw);
writeln('Gebe den Namen von Quelle2 an (z.B. Datei2 .',display);
eingabe(name_q2,alpha);
write('Gebe die Laufwerksnummer von Quelle2 an (4/5):');eingabe(nr2,laufw);
IF (LENGTH(name_q1)=1) AND (name_q1[1] IN ['s','S']) THEN
                                                        name_q1:='system.wrk';
IF (LENGTH(name_q2)=1) AND (name_q2[1] IN ['s','S']) THEN
                                                        name_q2:='system.wrk';
name_q1:=concat('#',nr1,':',name_q1,'.TEXT');
name_q2:=concat('#',nr2,':',name_q2,'.TEXT');
reset(quelle1,name_q1);reset(quelle2,name_q2);rewrite(mix,'#5:MIX.TEXT');

writeln('Verarbeitungsart waehlen: A = Anhaengen');
writeln('                          B = Bereich kopieren');
writeln('                          E = Verarbeitung abbrechen');
write('Bitte waehlen!');eingabe(ch1,['a','A','b','B','e','E']); ch:=ch1[1];
IF (ch IN ['b','B']) THEN BEGIN { Bereich kopieren }
      writeln('Anfangs-, Ende- , Trennzeile angeben,');
      write('jeweils durch ein Freizeichen trennen:');
      readln ( anfang  , ende  , trenn );
      FOR i:=1         TO  trenn    DO zeilencopy(quelle1,mix);
      FOR i:=1         TO  anfang-1 DO readln(quelle2);
      FOR i:=anfang    TO  ende     DO zeilencopy(quelle2,mix);
      WHILE NOT EOF(quelle1)        DO zeilencopy(quelle1,mix);END;

IF (ch IN ['a','A']) THEN BEGIN  { Anhaengen }
      WHILE NOT EOF(quelle1) DO zeilencopy(quelle1,mix);
      WHILE NOT EOF(quelle2) DO zeilencopy(quelle2,mix);END;

IF NOT (ch IN ['e','E']) THEN BEGIN
   writeln('Kopiervorgang beendet.');
   writeln('In der Datei #5:MIX.TEXT liegt nun der gemischte Text vor.');END;
close(quelle1,lock); close(quelle2,lock); close(mix,lock); END. { mischen }
```

Listing des Programms MISCHEN

Kapitel 6 Menue-Techniken und Bildschirmmanagement

Beim Umgang mit dem Mikrocomputer ist der Bildschirm ein wichtiges Instrument. Mit ihm können wir den Zustand des Systems kontrollieren, auf ihn können wir Ergebnisse von Programmläufen ausgeben und über ihn können wir bei der interaktiven Dateneingabe (vergl. Kapitel 1, § 5) kontrollieren, ob die Dateneingabe korrekt ist. Und schließlich ist der Bildschirm ein Medium, mit dem wir den Ablauf eines Programms steuern können, etwa wenn wir entscheiden sollen, ob die Datenausgabe auf den Drukker, die Diskette oder den Bildschirm gelenkt werden soll. In diesem Kapitel wollen wir uns den Fragen zuwenden, wie bei den einzelnen Problemen der Bildschirm benutzt werden kann und wie die optische Präsentation von Bildschirmdarstellungen (das Layout) zu organisieren ist.

Im § 1 werden der Dialog zwischen Benutzer und Bildschirm analysiert und die verschiedenen Menue-Techniken erläutert. Mit welchen Programmiertechniken die Bildschirmpräsentation organisiert werden kann, wird in den §§ 2-4 gezeigt. Die §§ 5-7 gehen dann auf spezielle Probleme ein: auf die programmtechnische Erzeugung eines Menues, auf die Dateneingabe mit Hilfe einer Bildscnirmmaske und auf die Datenausgabe in Form von Tabellen.

§1 Die Komplexitätssteuerung durch Menues

Ein grundlegendes Problem beim Programmieren ist die Komplexität des EDV-Systems. Die Fragestellung, die beim Programmieren zumeist implizit behandelt wird, ist die, in welcher Weise die hohe Komplexität der Universalmaschine Computer auf ein Maß reduziert wird, das vom Benutzer überschaubar bleibt. Die eine Möglichkeit besteht darin, die Komplexität ganz abzubauen, indem vom Programm alles vorherbestimmt wird. Der Benutzer ist dann in einer passiven Rolle und kann lediglich das Ergebnis des Programmlaufs in Empfang nehmen. Diese Möglichkeit ist unbefriedigend, da kleine Variationen des Programmlaufs ausgeschlossen werden und so die Dehnbarkeit und Plastizität der EDV unerschlossen bleibt. Demgegenüber besteht die Möglichkeit, daß der Benutzer in den Ablauf des Programms eingreift und ihn aktiv gestaltet. Man spricht von einem interaktiven Programm, oder von interaktiver Programmabwicklung. Mikrocomputersysteme mit Bildschirm bieten einen einfachen Weg, ein Programm interaktiv zu gestalten. Der Benutzer erhält über den Bildschirm eine Aufforderung, gestaltend einzugreifen.

Denken wir an die schematisch gegliederten Teile eines Programms die Dateneingabe, die Verarbeitung der Daten und die Datenausgabe, die im Prinzip jedes Programm kennzeichnen, so kann jeder Teil interaktiv aufgebaut werden. Im Programm RENTE von Kapitel 1, § 5, wurden die Daten für die Rentenformel interaktiv eingegeben. Mit diesen Daten berechnet das Programm das Endkapital. Beachten wir die Situation desjenigen, der das Programm RENTE benutzt, so erkennen wir, daß das Programm eigentlich sehr speziell ist. In der Kapitalrechnung interessiert nicht allein das Endkapital, sondern eine Vielzahl verwandter Fragen: Wie hoch muß die Einzahlung sein, wie hoch der Zinssatz, wie viele Perioden ist einzuzahlen, wie hoch muß das Anfangskapital sein? Will der Benutzer ein komplexes Renten-Programm starten, so hat er demnach auszuwählen, welche der Fragen er beantwortet haben möchte. Auf dem Bildschirm bekäme er dann ein "Menue" von verschiedenen einzelnen Verarbeitungsformen präsentiert, etwa:

```
Menue RENTE

K...  Endkapital
A...  Anfangskapital
E...  Einzahlung
Z...  Zinssatz
P...  Periodenzahl
```

unter denen er zu wählen hätte, etwa durch Eintippen von einem der Buchstaben K, A, E, Z, P. Es ist klar, daß die Wahl einer bestimmten Verarbeitungsform auch jeweils andere Daten zur Verarbeitung erfordert.

Auch das im Kapitel 5, § 3, vorgestellte Programm zum Mischen zweier Textfiles wählt interaktiv die Verarbeitungsform. Das Problem, zwei Textfiles A und B miteinander zu verbinden oder zu vermischen, läßt sich in seinen prinzipiellen Varianten folgendermaßen als Menue darstellen:

Menue Textfiles-Mischen

1... A vor B
2... einen Teil von A vor B
3... einen Teil von A nach B
4... A nach B
5... A in B
6... einen Teil von A in B

Die Wahlmöglichkeiten des Menues lassen sich erhöhen, indem zusätzlich zum File B noch der Fall zugelassen wird, lediglich einen Teil von B beim Mischen zu verwenden. Der Benutzer steuert den Ablauf des Programms, indem er eine der dargebotenen Alternativen wählt, also z. B. die Zahl 2 eintippt.

Ebenso wie bei der Gestaltung der Dateneingabe und bei dem Schritt, diese zu verarbeiten, lassen sich die Prozesse der Datenausgabe interaktiv vom Benutzer steuern. Das folgende Menue gibt die drei wichtigsten Ausgabearten bei einem Mikrocomputer an:

Menue Datenausgabe

1... Bildschirm
2... Drucker
3... Diskette

Als weiteres Beispiel für die interaktive Steuerung des Programmablaufs über Menues betrachten wir die Frage, wie bei der Druckausgabe die Präsentation des Druckbildes gestaltet werden kann. Interessant an diesem Menue ist die Vielzahl der Attribute, welche einer Auswahl durch den Benutzer offensteht.

Menue Drucker

Schriftart?
(E=Elite, P=Proportional)
Fettdruck (y/n)?
linker Rand (1...9)?
Zeilenabstand (1...4)?
Seitennumerierung (y/n)?
Zeilennumerierung (y/n)?
Seitenüberschrift (y/n)?
Druckerwahl?

```
(S=Schönschrift, N=Nadeldrucker)
Druckzeilen pro Seite (1...72)?
Einzelblatt (y/n)?
```

Dieses Menue stellt 10 Attribute vor, die vom Benutzer einzustellen sind. Nimmt man pro einzustellendem Attribut nur zwei Alternativen an, so lassen sich mit diesem Menue bereits über 1000 Alternativen einstellen, das Druckbild zu gestalten. An dieser großen Zahl kann man die hohe Komplexität ermessen, die implizit in einem Computerprogramm steckt und die es sinnvoll zu gestalten gilt. Die in diesem Kapitel vorgestellten Menue-Techniken sollen dazu beitragen.

Bis heute besteht allerdings noch keine Einigkeit darüber, mit mit welcher Strategie die Komplexität eines EDV-Systems an die Benutzer-Welt anzupassen ist. Die Technik der Menue-Steuerung ist eine Möglichkeit. Eine andere wäre, mit einer rudimentären high-level-Programmiersprache den Ablauf des Systems vorab festzulegen, wie es etwa vom Textverarbeitungssystem Wordstar/Mailmerge bekannt ist oder von Kommando-Sprachen bei Datenbanken.

Gegen die Menue-Techniken wird die letztlich doch nicht überwindbare Starrheit des Ablaufs vorgebracht und auf die Gefahr hingewiesen, daß eine lange Abfolge von Menues, durch die ein Benutzer geführt wird, den Benutzer die Übersicht verlieren läßt. Probleme wirft ferner die Frage auf, welcher Typ von Benutzer mit der Menue-Steuerung arbeiten soll. Jemand, der viel Erfahrung mit dem Programm besitzt, kommt mit knapper gehaltenen Menues aus als jemand, der selten das Programm benutzt. Für die Menuesteuerung wäre demnach ein Experten- und ein Laien-Status vorzusehen. Zur Diskussion über die Benutzerführung siehe Mertens und Griese 1979, S. 71-95, Blaser und Hackl 1977, Balzert 1983 und Nievergelt/Ventura 1983.

§2 Das Alternativ-Menue und das Attribut-Menue

Wenn wir die im vorangegangenen Abschnitt vorgestellten Menues betrachten, so erkennen wir Unterschiede in der Menue-Darbietung. Während die Menues RENTE, Textfiles-Mischen und Datenausgabe jede der möglichen Alternativen in der ersten Spalte explizit ausweisen, so ist dies beim Menue Drucker nicht mehr möglich, da dessen die Zahl 1000 übersteigende Vielzahl von Alternativen weder auf dem Bildschirm präsentierbar noch vom Benutzer überschaubar ist. Beim Menue Drucker ist die Gestaltung anders geartet: Jedes Teil dieses Menues stellt ein Attribut ein. Pro Attribut hat der Benutzer entweder nur wenige Alternativen oder gar nur zwei - ja und nein - einzustellen, oder bei vielen Alternativen hängen diese allein von einer (ganzen) Zahl ab, und die Alternativen liegen in einem leicht darstellbaren Kontinuum ganzer Zahlen, wie bei den Attributen

linker Zeilenrand (1...9)?
Zeilenabstand (1...4)?
Druckzeilen pro Seite (1...72)?

Hier werden die ganzzahligen Kontinua

(1...9), (1...4) und (1...72)

benutzt.

Ein Menue, in dem Attribute einzustellen sind wie beim Menue Drucker, nennen wir ein Attribut-Menue, während wir die anderen Menues, RENTE, Datenausgabe und Textfile-Mischen, als Alternativ-Menues bezeichnen, da in diesen Menues die Alternativen explizit in der ersten Spalte erscheinen.

Alternativ-Menues werden eingesetzt, wenn die Zahl der Alternativen relativ gering ist und vom Benutzer überschaubar bleibt. Als eine grobe Leitlinie kann ein Alternativ-Menue stets dann eingesetzt werden, wenn es in der Gesamtpräsentation auf einen Bildschirm paßt, also nicht mehr als ca. 20 Alternativen besitzt. Werden mehr Alternativen abgefragt, so ist das Menue entweder in mehrere Alternativ-Menues zu zerlegen, die hierarchisch angeordnet sind und nacheinander erscheinen, oder in ein oder mehrere Attribut-Menues umzuformen.

Ein Attribut-Menue kann man als eine Zusammenfassung mehrerer Alternativ-Menues deuten. Zu jedem Attribut gehört ein Alternativ-Menue, etwa zum Attribut

Schriftart?
(E=Elite, P=Proportional)

das Alternative-Menue

```
Menue Schriftart

E...  Elite
P...  Proportional
```

und zum Attribut

```
Fettdruck (y/n)?
```

das Alternativ-Menue

```
Menue Fettdruck

y...  Fettdruck einschalten
n...  Fettdruck ausschalten
```

Ein Attribut-Menue ist so aufgebaut, daß auf jedes Attribut der "Aktionsbereich" folgt, d.h. der Bereich derjenigen Aktionen angegeben wird, mit denen der Benutzer antworten kann. Zum Attribut Fettdruck gehört z. B. der Aktionsbereich (y/n), d. h. der Benutzer kann mit y oder n antworten. Zuweilen kann der Aktionsbereich nur mit besonderen Erläuterungen versehen präsentiert werden, da Abkürzungen nicht alleine dem Benutzer Klarheit über die Bedeutung seiner Aktionen übermitteln können. Dann kann für den Aktionsbereich eine neue Zeile benutzt werden, z. B.

```
Schriftart?
(E=Elite, P =Proportional)
```

Auf das Attribut Schriftart folgt eine neue Zeile mit den erläuternden Aktionen.

§3 Die Gestaltung von Menues

Wenn ein Menue auf dem Bildschirm erscheint, so soll es die Aufmerksamkeit des Benutzers erregen, damit er interaktiv in das Programm eingreifen kann. Diese Zielsetzung kann dadurch erreicht werden, daß man das Menue auf dem Bildschirm hervorhebt. Es sollte nicht durch eine Vielzahl von anderen Mitteilungen in der Bedeutung herabgesetzt werden. Günstig ist es, zu diesem Zweck den ganzen Bildschirm zu löschen, und dann das Menue zu präsentieren. Das Löschen des Bildschirms geschieht mit dem Befehl

```
page(output);        für UCSD  bzw.
ClrScr;              für TURBO
```

Auf dem leeren Bildschirm ist das Menue am besten zentral zu plazieren. Sofern mehrere (kleinere) Menues dargeboten werden, können sie gleichmäßig verteilt werden: vier Menues für je eine Ecke des Bildschirms, zwei Menues für je eine Bildschirmhälfte.

Bei der Gestaltung der Menues geht es darum, dem Benutzer in klarer Weise zu übermitteln, worum es in dem Menue geht und was vom Benutzer nun an Aktionen zu erwarten ist. Dieses Ziel wird erreicht durch eine Überschrift und eine unter dem Menue erscheinende Anweisungszeile. Die Überschrift informiert den Benutzer darüber, um welches Gestaltungsproblem im interaktiven Programmablauf es sich handelt. Die Überschriften, welche die in diesem Kapitel vorgestellten Menues fragen, sind ein Beispiel für die Ausgestaltung von Überschriften.

Die Aufforderungszeile unterrichtet den Benutzer über dessen Aktionen. Als Aufforderung an den Benutzer sollte unter dem Menue stehen

Bitte wählen!

Sofern es sich um ein Alternativ-Menue handelt, sollten die Alternativen, die es einzutippen gilt, mit aufgeführt werden. Also beim Menue RENTE die Aufforderung:

Bitte wählen(K,A,E,Z,P,)!

Beim Menue Textfile-Mischen die Aufforderung:

Bitte wählen(1...6)!

Diese Aufforderung ist deswegen wichtig, um dem Benutzer mitzuteilen, welche Aktionen nun von ihm zu unternehmen sind und wie der Bereich der "zulässigen" Aktionen beschaffen ist.

Um der Forderung nach klarer Benutzerinformation gerecht zu werden, soll ein Attribut-Menue so aufgebaut sein, daß die Alternativen und die Consolen-Tasten, die zu deren Wahl zu bedienen sind, stets zu jedem Attribut mit aufgeführt werden. Beim Menue Drucker ist dies der Fall. Der Bereich der Aktionen ist dort als (y/n), (1...9), (E=Elite, P=Proportional) usw. mit aufgeführt. Die Bildschirmpräsentation eines Attribut-Menues läßt sich auf zwei Arten gestalten. Entweder wählt man die Form, das Menue schrittweise aufzubauen, beginnend mit dem ersten Attribut und dessen Aktionsbereich. Hat der Benutzer das Attribut bestimmt, so wird das zweite Attribut mit Aktionsbereich präsentiert usw. Ein Attribut wird also erst dann präsentiert, wenn das vorhergehende bestimmt worden ist. Diese Art der Darstellung wird als sequentielles Attribut-Menue bezeichnet. Das Menue des Programms DRUCK von Kapitel 4, § 4, ist ein sequentielles Attribut-Menue: Nachdem der Benutzer die erste Anfrage

Laufwerksnummer (4/5 und <RET >)?

beantwortet hat, wird als zweites Attribut der Name des Textfiles präsentiert usw.

Als zweite Möglichkeit kann ein Attribut-Menue so gestaltet werden, daß zunächst alle Attribute auf den Bildschirm projiziert werden - wobei der Bildschirm die Anzahl der Attribute auf ca. 20 beschränkt - und dann der Cursor die einzelnen Attributzeilen nacheinander anspringt, beginnend mit dem ersten Attribut und dann nach jeder Benutzerantwort das folgende Attribut aufsucht. Diese Art, ein Attribut-Menue darzustellen, soll als integrales Attribut-Menue bezeichnet werden. Zwar impliziert die skizzierte Sprungbewegung des Cursors einen höheren Programmieraufwand. Andererseits wird durch das integrale Attribut-Menue der Benutzer in übersichtlicher Form über alle Attribute informiert und kann daher bereits vor der Wahl des ersten Attributs die Gesamtheit der Attribute erfassen, abwägen und in die Wahl mit einbeziehen.

Eine interaktive Programmführung durch den Benutzer führt dann zu Problemen, wenn der Benutzer eine Taste bedient, die bei der Menueauswahl nicht vorgesehen ist. Bei Menue-Techniken ist demnach unbedingt eine Kontrolle der Benutzerantwort vorzunehmen. Sie muß im Bereich der zulässigen Aktionen liegen. Die Prozedur EINGABE vom Kapitel 4, § 3, kann zur Kontrolle der Benutzerantwort herangezogen werden. Benutzt man eine Prozedur wie EINGABE zur Kontrolle, so sollte man im Falle von Alternativ-Menues mit mit mehr als 9 Alternativen die Alternative fortlaufend mit Buchstaben versehen, etwa A...K, da man diese besser mit der Abfrage "X in ['A'..'K'] " im Programm EINGABE überprüfen kann, während man bei etwa 14 Alternativen, durchnumeriert als 1...14, eine Benutzerantwort nur schwer überprüfen kann, da die Menge im Programm EINGABE ein Set of CHAR ist. Gegebenenfalls ist das Programm EINGABE ganz auf INTEGER und Set of INTEGER umzustellen.

Für die interaktive Programmabwicklung ist die Frage nicht unbedeutend, ob die Leseanweisung, mit welcher die Benutzerantwort auf ein Menue ins System übernommen wird, ein READ- oder eine READLN-Anweisung ist. Bei READ setzt das Programm unmittelbar nach Eintippen der Alternative den Ablauf fort. Diese Variante ist zu empfehlen, wenn der Benutzer durch eine Vielzahl von Menues geführt wird und die Abwicklung schnell erfolgen soll. Nachteilig an dieser Lösung ist, daß keine Korrektur der eingetippten Alternative möglich ist. Bei der READLN-Anweisung setzt das Programm erst nach der Wahl der Alternative und nach Betätigen der RETURN-Taste seinen Ablauf fort. Es sind demnach zwei Tasten pro Alternativen-Auswahl zu betätigen. Diesem erhöhten Bedienungsaufwand steht der Vorteil gegenüber, daß der Benutzer vor dem Betätigen der Return-Taste die Möglichkeit der Korrektur besitzt (sofern keine CHAR-Variable gelesen wird). Wird mit READLN gelesen, so ist der Benutzer dort, wo der Bereich der zulässigen Aktionen angezeigt wird, über die Notwendigkeit eines RETURN zu informieren. Im Alternativ-Menue ist der Bereich der zulässigen Aktionen dann so darzustellen (Beispiel Menue RENTE):

```
Bitte wählen (K, A, E, Z, P und  <RET> )!
```

Beim Attribut-Menue sähe der Hinweis auf das RETURN dann so aus:

```
Schriftart?
(E=Elite, P=Proportional und <RET>)
Fettdruck (y/n und  <RET>)
```

Anstatt den Hinweis auf das RETURN in jedes Attribut mit auszunehmen, kann er auch als Begleittext unter das Menue gebracht werden.

Nicht allein die Gestaltung eines einzelnen Menues ist erwägenswert, sondern auch die Abfolge der einzelnen Menues bei komplexeren Steuerungen. Bei dieser Abfolge ist darauf hinzuwirken, daß der Benutzer die Übersicht behält. Dieses kann erreicht werden, indem übergeordnete Hauptmenues eingebaut werden, welche dem Benutzer die allgemeine Problemstellung vermitteln, indem stets Rücksprungmöglichkeiten zum Hauptmenue und Abbruchmöglichkeiten offen bleiben und dem Benutzer angezeigt wird, wie weit die Steuerung fortgeschritten ist, welche Daten eingegeben wurden und welche noch ausstehen. Abschließende Korrekturmöglichkeiten der gewählten Steuerung sollten möglich bleiben (vgl. auch Mertens und Griese, 1979, S. 85-95).

§4 Die Programmierung der Cursorposition

Wenn von der Programmebene aus ein Menue auf dem Bildschirm aufgebaut werden soll, so ist dieser Vorgang nur mit einigem Programmaufwand realisierbar, da auf die optische Präsentation des Menues Rücksicht genommen werden muß. Die optische Präsentation ist in Zeilen und Spalten des Bildschirms organisiert, die in irgendeiner Form vom Programm verwaltet werden müssen. Bei dem integralen Attribut-Menue ist der Programmieraufwand besonders hoch, da in diesem Falle nach dem Aufbau des Menues der Cursor die einzelnen Attribute nacheinander aufsuchen muß, um den Benutzer auf das jeweils aktuelle Attribut, das er festzulegen hat, aufmerksam zu machen. Diese Cursorbewegung läßt sich aber nur dann programmieren, wenn die Adresse der jeweiligen Cursorposition, d.h. Zeilen-Nummer und Spalten-Nummer, berechnet werden kann.

Um das Problem der Cursor-Bewegung zu lösen, besitzt das PASCAL die Prozedur GOTOXY, deren Name den Vorgang der Cursorpositionierung ausdrückt: gehe zur Spalte x und Zeile y. Dabei sind in UCSD die Spalten von 0...79 und die Zeilen von 0...24 durchnumeriert und in TURBO von 1...80 und 1...25. Der Aufruf

```
GOTOXY(a,b);
```

läßt dann den Cursor zur Spalte mit der Nummer a und zur Zeile mit der Nummer b springen. Dieser Sprung bewirkt, daß etwa ein nachfolgender WRITE-Befehl die Datenausgabe so positioniert, daß sie in Spalte a und Zeile b beginnt.

Die Befehle

```
GOTOXY(5,2);
WRITE('MENUE');
```

bewirken demnach, daß MENUE in der Zeile mit der Nummer 2 angegeben wird, beginnend in der Spalte mit der Nummer 5. Da die Zählung von Spalten und Zeilen bei UCSD-PASCAL jedoch mit null beginnt, erscheint in diesem Dialekt das Wort MENUE in der 3. Zeile, beginnend in der 6. Spalte.

An dieser Bemerkung erkennen wir, daß die Prozedur GOTOXY in UCSD-PASCAL nicht sehr geschickt aufgebaut ist. Die erste Zeile auf dem Bildschirm hat die Nummer 0. Dieser Unterschied in der Numerierung kann Verwirrung stiften. Ferner ist die Reihenfolge der Achsen nicht sehr glücklich: GOTOXY heißt, gehe zur Spalte x und Zeile y. Die Spalte wird zuerst genannt und dann die Zeile. Offenbar rührt diese Reihenfolge aus dem bekannten Koordinatensystem der Mathematik her: Die waagerechte Achse (d.h. die Spalten) wird mit x, die senkrechte Achse (d.h. die Zeilen) wird mit y bezeichnet. Da auf dem Bildschirm jedoch nicht mit Achsen sondern mit Spalten und Zeilen umgegangen wird, erinnert diese Bezeichnung eher an die Terminologie der Matrix-Theorie, in der stets die Zeile zuerst und die Spalte als zweites genannt wird.[1)]

Um die genannten Diskrepanzen von Anschauung und Terminologie einerseits und der Definition der Prozedur GOTOXY andererseits zu beseitigen, wird vorgeschlagen, die Prozedur GOTOXY abzuändern und die Prozedur GOTOZS zu benutzen. GOTOZS heißt: gehe zur Zeile und Spalte. Sie läßt sich folgendermaßen programmieren:

```
Procedure  GOTOZS(A,B:INTEGER);
Begin
GOTOXY(B-1,A-1);
End;
```

Der Aufruf

```
GOTOZS(2,5);
```

bewirkt dann den Sprung des Cursors in die 2. Zeile und 5. Spalte des Bildschirms beim UCSD-Dialekt.

Die Prozedur GOTOXY ermöglicht es, den Cursor an jede Position des Bildschirms zu bringen und dann dort Text auszugeben. Insbesondere kann der Cursor auf dem Bildschirm von unten nach oben springen, eine Bewegung, die mit dem WRITE-Befehl nicht möglich ist. Diese Bewegungsfreiheit erleichtert z. B. das Programmieren der Datenausgabe in Tabellenform: Zunächst wird die erste Kolonne der Tabelle mit WRITE-Befehlen auf den Bildschirm gebracht, dann mit GOTOXY zurückgesprungen an den Anfang der Tabelle und dann die zweite Kolonne der Tabelle geschrieben usw.

---

1) Im Installations-Programm von TURBO-PASCAL, TINST, läßt sich die Reihenfolge der Koordinatenadressierung wählen, siehe TURBO-Manual, 1983, S. 231.

An der Prozedur GOTOXY ist bemerkenswert, daß der Drucker dem Cursorsprung nur unvollständig folgt. Der Drucker macht bloß die Bewegung in der Waagerechten mit, d.h. die Änderung der Spalte. So steht nach dem UCSD-Befehl

```
GOTOXY(5,2);
```

der Drucker in der 6. Spalte, ebenso wie der Cursor. Die Bewegung in der Senkrechten, d.h. die Änderung der Zeilen-Nummer macht der Drucker nicht mit. Soll der Drucker auch in der Zeilennummer der Bewegung folgen, so ist mit entsprechend vielen WRITELN-Befehlen zu arbeiten. Um Cursorsprünge nach oben, d.h. von einer tieferen zu einer höheren Bildschirmzeile, mit dem Drucker nachzuvollziehen, so ist zunächst der Walzenvorschub auf rückwärts zu stellen - eine Einstellung, die nicht auf allen Druckern möglich ist.

Neben der Möglichkeit, den Cursor auf dem Bildschirm zu positionieren, ist die Frage von Interesse, die Position zu erfragen, an welcher sich gerade der Cursor im Programmablauf befindet. Denken wir an das oben geschilderte Problem, mit Hilfe der Prozedur GOTOXY eine Tabelle aufzubauen. Damit der Cursor am Ende einer Kolonne zum Beginn der folgenden Kolonne zurückspringen kann, ist die Zeilen-Nummer des Anfanges der vorhergehenden Kolonne von Bedeutung. Diese Nummer ist vor Beginn der Kolonnenbearbeitung zu erfragen und mit einer Variablen festzuhalten. Beim Rücksprung kann der Cursor dann diese Zeile ansteuern. Den Cursor zu einer zuvor abzufragenden Position springen zu lassen, ist bei der interaktiven Dateneingabe mit einer Bildschirmmaske von besonderem Interesse. Denken wir etwa daran, die Daten verschiedener Automobile interaktiv einzugeben. Für jedes Automobil würde zunächst eine Maske projiziert, etwa:

```
Name des PKW:1                  Baujahr:6
Hersteller:2                    PS:7
Zylinderzahl:3                  Anzahl der Türen:8
Treibstoffverbrauch:4           Benzin/Diesel-Motor(B/D):9
Preis:5                         Höchstgeschwindigkeit:10
                                Antrieb vorne/hinten (v/h):11
```

In dieser Maske springt der Cursor die mit 1...11 durchnumerierten Positionen nacheinander an. Er springt jeweils eine Position weiter, wenn an der vorhergehenden Position die Dateneingabe beendet worden ist. Die Sprungpositionen sind in der Maske am jeweiligen Textende zu erfragen und in einem ARRAY festzuhalten.

Die Software-Steuerung des Bildschirms, um die Cursorposition abzufragen, hängt vom Bildschirm ab und ist generell dessen Manual zu entnehmen.[1] Am Beispiel des Monitors Hazeltine 1500 stellen wir die Softwaresteuerung vor. Zunächst ist ein "lead-in"-Zeichen erforderlich, um am Bildschirm Attribute einzustellen. Es ist das Bit-Muster, das zum ASCII-Zeichen ESCAPE gehört und mit CHR(27) erzeugt wird. Darauf folgt das Bit-Muster, das von CHR(5) erzeugt wird. Auf diese Steuerzeichen "antwortet" der Monitor mit den x- und y-Positionen des Cursors, die mit einem READLN-Befehl erfaßt werden. Die Antwort erfolgt mit den ASCII-Zeichen, die zu den Spalten- und Zeilen-Nummern gehören und werden daher mit der ORD-Funktion in dem numerischen Bereich transformiert. Diese Vorgänge werden mit der Prozedur ASKXY wie folgt zusammengefaßt:

```
Procedure ASKXY(VAR x,y:integer);
VAR cx,cy:char ;

Begin
write(CHR(27), CHR(5)); readln(cx,cy);
x:=ord(cx); if x> 79  then x:=x-96;
y:=ord(cy)-96;
End;
```

Der Aufruf

```
ASKXY(Spalte,Zeile);
```

weist dann den Variablen Spalte und Zeile die Spalten- und Zeilennummern der Cursorposition zu. Nachteilig bei der Verwendung der Prozedur ASKXY ist die Tatsache, daß beim Lesen der Bildschirmantwort mit readln(cx,cy) die beiden ASCII-Zeichen, die den Variablen cx und cy zugewiesen werden, mit auf den Bildschirm projiziert werden. Hinzu kommt, daß durch den readln(cx,cy)-Befehl der Cursor an den Beginn der neuen Zeile bewegt wird, d.h. der Aufruf der Prozedur ASKXY bewegt bereits den Cursor, was eigentlich unerwünscht ist. Man kann diese Nachteile dadurch umgehen, daß man in der Prozedur ASKXY den readln(cx,cy)-Befehl ersetzt durch readln(KEYBOARD,cx,cy);

----

1) In Kapitel 7 §3 stellen wir eine hardware-unabhängige Lösung vor.

KEYBOARD ist ein Textfile, das automatisch vom UCSD-PASCAL beim Programmlauf eröffnet wird. Es entspricht dem Textfile OUTPUT, ohne daß jedoch ein gelesenes Zeichen auf den Bildschirm projiziert wird. Mit readln(KEYBOARD,...) ist dann auch keine Positionierung des Cursors auf den Beginn der nächsten Zeile verbunden. Dateneinlesen und Bildschirmprojektion sind entkoppelt.[1] Beim TURBO-PASCAL ist der Befehl readln(KBD,...) zu verwenden. KBD ist als Abkürzung von KEYBOARD zu verstehen und in der Wirkung identisch mit dem Textfile von UCSD.

Die Prozedur ASKXY (mit dem verbesserten Readln-Befehl) können wir anwenden, wenn wir uns dem Problem der Eingabekontrolle zuwenden. Wir wollen dafür die im Kapitel 4, § 4, vorgestellte Prozedur EINGABE heranziehen und diese an die Erfordernisse der Menue-Eingabe anpassen. Wenn wir die Prozedur EINGABE verwenden, so nehmen wir an, daß wir alle Daten, die wir in ein Menue eingeben, als STRING-Variable einlesen. Darauf ist die Prozedur EINGABE zugeschnitten. Das Problem bei der Verwendung dieser Prozedur zur Menue-Eingabe besteht in der Fehlermeldung der Prozedur:

Falsche Eingabe! Bitte wiederholen.

Wir müssen uns überlegen, wo auf dem Bildschirm dieser Text erscheinen soll. Wenn wir die Prozedur EINGABE unverändert übernehmen, so erscheint im Falle eines Attribut-Menues dieser Text - bei falscher Eingabe - in der Attribut-Zeile nach dem falsch eingegebenen Wert. Störend daran ist, daß dieser Text einen Teil der folgenden Attribut-Zeile überschreiben kann und damit das Menue beeinträchtigt, daß dieser Text nicht verlöscht, wenn nachträglich die Eingabe korrigiert worden ist, daß die falsche Eingabe nicht verlöscht und daß für den erneuten Eingabe-Versuch der Cursor nicht an die ursprüngliche Stelle in die Attributzeile nach dem angegebenen Aktionsbereich rückt. Die nun vorgestellte, verbesserte Prozedur S_EINGABE (s wie string) umgeht diese Nachteile. Sie besitzt die beiden zusätzlichen formalen Parameter S und Z, womit die Stelle am Bildschirm eingestellt werden kann, an der die Fehlermeldung

Falsche Eingabe! Bitte wiederholen.

---

1) Anwendung dieser Technik findet man bei der Eingabe geheimer Passwörter, die nicht auf dem Bildschirm erscheinen sollen.

```
 1:
 2:
 3: PROCEDURE  s_eingabe(VAR x:string; y:menge; s,z:integer);
 4:  VAR b:boolean;
 5:      i,spalte,zeile,spalte1,zeile1:integer;
 6:      st:string;
 7:
 8: BEGIN
 9: askxy(spalte,zeile);
10: b:=true;
11: REPEAT
12:
13:    IF NOT b THEN BEGIN
14:       gotoxy(s,z); write('FALSCHE EINGABE! BITTE WIEDERHOLEN.');
15:       gotoxy(spalte,zeile);write(' ':(78-spalte));
16:       gotoxy(spalte,zeile); END;
17:    b:=true;
18:    readln(st); askxy(spalte1,zeile1);
19:
20:    FOR i:=1 TO length(st) DO
21:       IF b AND ( NOT (st[i] IN y)) THEN b:= false;
22:    IF (length(st)=0) THEN b:=false;
23:    IF b THEN BEGIN
24:       gotoxy(s,z); write(' ':35); gotoxy(spalte1,zeile1); END;
25:
26: UNTIL b;
27: x:=st;
28: END;
```

Listing des Programms S_EINGABE

auf den Bildschirm kommt. Empfohlen wird hierfür eine Zeile, die oberhalb oder unterhalb des Menues liegt. Die Fehlermeldung kann man optisch durch bestimmt Features (hohe Intensität, Blinken, Unterstreichen , Invers-Video) des Bildschirms warnend hervorheben. Hierzu sei auf das Bildschirm-Manual verwiesen.

Die Prozedur S_EINGABE fragt zunächst die ursprüngliche Position des Cursors ab (Zeile 9), bevor die eigentliche Verarbeitung in der REPEAT-UNTIL-Schleife (Zeile 11-26) beginnt. Ist die Eingabe falsch, so springt der Cursor an die durch S und Z vorbestimmte Position und gibt die Fehlermeldung aus (Zeile 14). Dann springt er zur ursprünglichen Position, die in der Variablen ZEILE und SPALTE festgehalten worden ist, zurück und löscht die falsche Eingabe auf dem Bildschirm, indem er sie mit blanks überschreibt (Zeile 15). Der Cursor springt dann zur ursprünglichen Position zurück. Ist die Eingabe korrekt, so wird in Programmzeile 18 die Position des Cursors nach der Eingabe, d.h. nach READLN(ST), in den Variablen SPALTE1 und ZEILE1 festgehalten. Dann wird in Programmzeile 24 zur Position (S,Z) gesprungen, dort die Fehlermeldung gelöscht und wieder in die Position des Cursors nach der Eingabe zurückgesprungen. Die in der Prozedur S_EINGABE realisierte Verbindung von Eingabe-Kontrolle und Bildschirm-Management ruft fünfmal die Prozedur GOTOXY und zweimal die Prozedur ASKXY auf und zeigt in dieser Weise den hohen Programmierungskomfort auf, den GOTOXY und ASKXY bieten. Zugleich wird die hohe Komplexität einer zunächst einfach erscheinenden Problemstellung deutlich, eine Komplexität, die typisch für das Problem ist, die Benutzereingabe zu überprüfen.

§5 Die Darstellung von Tabellen

In diesem Paragraphen geht es darum, die optische Präsentation einer Tabelle algorithmisch zu realisieren. Tabellen sind ein wichtiges Hilfsmittel, um Daten zu präsentieren und in übersichtlicher Weise zu organisieren. Deswegen sollte in einem EDV-System, das eine Vielzahl von Daten erzeugt, auch die Möglichkeit der Tabellendarstellung gegeben sein. Wie sich in diesem Paragraphen herausstellen wird, ist die softwaretechnische Lösung der Tabellendarstellung nicht ganz so einfach, wie man vielleicht zunächst vermutet. Auch aus diesem Grund sollen diese Fragen hier behandelt werden.

Um die Komplexität der denkbaren Lösungsmöglichkeiten zu reduzieren, beschränken wir uns hier auf Tabellen von einer Breite, die ganz auf dem Bildschirm unterzubringen sind, also auf Tabellen von maximal 80 Bildschirmspalten. Um breitere Tabellen darzustellen, benötigt man ein verschiebbares Bildschirmfenster, was den Softwareaufwand erheblich ansteigen läßt. Aber es erscheint fraglich, ob Tabellen dieser Breite häufig gebraucht werden. In vielen Fällen werden Tabellen mit höchstens 10 Tabellenspalten ausreichen, d.h. bei 80 Bildschirmspalten ergibt sich im Durchschnitt eine minimale Breite je Tabellenspalte von 8 Bildschirmspalten.

Die Darstellung der Tabellenerzeugung konzentriert sich hier auf das Beispiel folgender Tabelle, die aus fiktiven Daten aufgebaut ist:

```
I-----------------------------------------------------I
I             Verkaufsstatistik von Pkw nach          I
I              Quartalen und Modellen im              I
I            Jahre  1 9 8 3 (Anzahl in Stueck)        I
I-----------------------------------------------------I
I            I Polo I Golf I Passat I Santana I Scirocco I
I-----------------------------------------------------I
I 1. Quartal I 4    I 7    I 10     I 13      I 16       I
I            I      I      I        I         I          I
I 2. Quartal I 5    I 8    I 11     I 14      I 17       I
I            I      I      I        I         I          I
I 3. Quartal I 6    I 9    I 12     I 15      I 18       I
I            I      I      I        I         I          I
I 4. Quartal I 7    I 10   I 13     I 16      I 19       I
I            I      I      I        I         I          I
I-----------------------------------------------------I
```

An diesem Beispiel erkennen wir zunächst die zeilen- und spaltenförmige Organisation einer Tabelle. Ferner sehen wir, daß es sich um eine Kombination von Text und numerischen Daten handelt. Die Textinformationen bestehen aus den drei Elementen Überschrift, der Tabelle, Überschriften der Spalten, Überschriften der Zeilen. Wenn wir uns die numerischen Daten in einem (4x5)-Array gespeichert vorstellen, so besteht das Tabellenproblem darin, die Textinformationen mit den numerischen Daten so zu kombinieren, daß eine Tabelle entsteht. Hinzu kommt, daß die senkrechten und waagerechten Striche der Tabelle als ASCII-Zeichen zu realisieren sind, also auch noch Spalten und Zeilen auf dem Bildschirm belegen. Die waagerechten Striche werden als Folge --- von Bindestrichen realisiert. Die senkrechten Striche als Folge

```
I
I
I
```

von übereinanderstehenden Zeichen des großen Buchstaben I. Das Zeichen I hierfür zu benutzen, besitzt den Vorteil, daß dann auch Typenraddrucker senkrechte Striche darstellen können. Es ist das Ziel des Programms, neben der Bildschirmausgabe auch die Tabelle zu drucken.

Der hier als ein eigenständiges Programm vorgestellte Text des Programms Matrixtabelle sollte eher als eine Prozedur benutzt werden, die in einem Hauptprogramm eingebaut ist, dessen Ablauf

```
PROGRAM matrixtabelle;
{gibt Daten einer 4x5 - Matrix in Tabellenform aus}
CONST  maxspalten=5; maxzeilen=4;  maxstrings=3;
       tabzeilen=26; {=7+maxstrings+maxzeilen*(1+maxstrings)}
TYPE   ueberschrift = ARRAY [1..maxstrings] OF string;
VAR    daten : ARRAY [1..maxzeilen,1..maxspalten] OF integer;
       spaltentext : ARRAY [1..maxspalten] OF ueberschrift;
       zeilentext : ARRAY [1..maxzeilen] OF ueberschrift;
       titel : ueberschrift;
       t{abelle} : ARRAY [1..tabzeilen] OF string;
       pa,pn : ARRAY [0..maxspalten] OF integer;
       zeilen,spalten : integer;

PROCEDURE eingabe;
VAR    i,j : integer;
BEGIN
  FOR i := 1 TO tabzeilen DO t[i] := '§';
  FOR i := 1 TO maxzeilen DO
      FOR j := 1 TO maxstrings DO zeilentext[i,j] := '';
  FOR i := 1 TO maxspalten DO
      FOR j := 1 TO maxstrings DO spaltentext[i,j] := '';
   {Eingabe der Texte / Daten}
titel[1] :='Verkaufsstatistik von Pkw nach';titel[2] :=
'Quartalen und Modellen im'; titel[3]:='Jahre  1 9 8 3 (Anzahl in Stueck)';
  spaltentext[1,1] := 'Polo';     spaltentext[2,1] := 'Golf';
  spaltentext[3.1] := 'Passat';   spaltentext[4,1] := 'Santana';
  spaltentext[5,1] := 'Scirocco';
  zeilentext[1,1] := '1. Quartal';  zeilentext[2,1] := '2. Quartal';
  zeilentext[3,1] := '3. Quartal';  zeilentext[4,1] := '4. Quartal';
  zeilen := 4; spalten := 5;
  FOR i := 1 TO maxzeilen DO
      FOR j := 1 TO maxspalten DO daten[i,j] := i+3*j;
END; { eingabe }

PROCEDURE verarbeitung;
VAR   max,merk,d,lt,i,j,k,l : integer;    s : string;
      FUNCTION anzahlstrings (x : ueberschrift) : integer;
      VAR   anzahl,i : integer;
      BEGIN anzahl := 0;
        FOR i := 1 TO maxstrings DO
```

Listing des Programms MATRIXTABELLE

```
                IF length(x[i])  >0 THEN anzahl := anzahl + 1;
            anzahlstrings := anzahl;
          END; { anzahlstrings }
BEGIN max := 0;
  FOR i := 1 TO spalten DO BEGIN
      merk := anzahlstrings(spaltentext[i]);
      IF merk > max THEN max := merk;   END;
  merk := max + 6;  max := merk;
  FOR i := 1 TO zeilen DO max := max + anzahlstrings(zeilentext[i]) + 1;
  { ===== Spaltentexte eintragen ===== }
  FOR i := 6 TO merk-1 DO
      BEGIN t[i] := 'I I';
        FOR j := 1 TO spalten DO
                   t[i] := concat(t[i].' '.spaltentext[j.i-5],' I'); END;
  { ===== Zeilentexte und Daten eintragen ===== }
  k := merk;
  FOR i := 1 TO zeilen DO BEGIN
      FOR j := 1 TO anzahlstrings(zeilentext[i]) DO BEGIN
          k := k + 1;  t[k] := 'I ';
          t[k] := concat(t[k],zeilentext[i,j],' I');
          IF j=1 THEN FOR l := 1 TO spalten DO
                          BEGIN str(daten[i.l],s);
                            t[k] := concat(t[k],' ',s,' I');
                          END
                  ELSE FOR l := 1 TO spalten DO t[k] := concat(t[k],' I') END;
      k := k + 1;  t[k] := t[merk]; END;
  { ===== Ausgleich der Positionen ===== }
  {  pa belegen}   k := 0;
   FOR j := 2 TO length(t[6]) DO
      IF t[6.j]='I' THEN BEGIN pa[k] := j; [ k]:= k + 1  END;
  {  Ausgleich t[7] ... t[max] }
   FOR i := 7 TO max DO BEGIN
      { pn belegen  }  k := 0;
      FOR j := 2 TO length(t[i]) DO
          IF t[i,j]='I' THEN BEGIN pn[k] := j;  k := k + 1  END;
      { Vergleich :  pa<->pn }
      FOR j := 0 TO spalten DO BEGIN
          d := pn[j] - pa[j];
          s := ''; FOR l:= 1 TO abs(d) DO s := concat(s,' ');
          IF d  < 0 THEN BEGIN { Einfuegungen im aktuellen String }
```

Listing des Programms MATRIXTABELLE

```
                              insert(s,t[i],pn[j]-1);
                              FOR l := j TO spalten DO pn[l] := pn[l] + abs(d)
                            END;
              IF d > 0 THEN BEGIN { Einfuegungen in allen anderen Strings }
                              FOR l := 6 TO i-1 DO insert(s,t[l],pa[j]-1);
                              FOR l := j TO spalten DO pa[l] := pa[l] + d
                            END;
              pa[j] := pn[j]; END; END;
    { ===== Titel / Trennzeilen einfuegen ===== }
     s := 'I';  lt := length(t[6]);
     FOR l := 1 TO lt-2 DO s := concat(s,'-');  s := concat(s,'I');
     t[1] := s;  t[5] := s;  t[merk] := s;  t[max+1] := s;
     FOR i := 1 TO 3 DO BEGIN
         t[i+1] := 'I';  l := (lt - length(titel[i])) DIV 2;
         IF l <= 2 THEN REPEAT k := length(titel[i]);
                                 delete(titel[i],k,1);
                                 l := (lt - length(titel[i])) DIV 2
                          UNTIL  (k=0) OR (l>2);
         FOR j := 1 TO l DO t[i+1] := concat(t[i+1],' ');
         t[i+1] := concat(t[i+1],titel[i]);
         FOR j := length(t[i+1]) TO lt-2 DO t[i+1] := concat(t[i+1],' ');
         t[i+1] := concat(t[i+1],'I');  END;
   END; { verarbeitung }

   PROCEDURE ausgabe;
   VAR   drucker : text;  i : integer;
   BEGIN
     rewrite(drucker,'PRINTER:');  i := 1;
     WHILE t[i] <> '§' DO
     BEGIN writeln(t[i]); writeln(drucker,t[i]);  i := i + 1;  END;
   END; { ausgabe }

   BEGIN { matrixtabelle }

     eingabe;  verarbeitung;  ausgabe;

   END. { matrixtabelle }
```

Listing des Programms MATRIXTABELLE

man sich so vorstellen kann, daß in einem Array gespeicherte Daten der Prozedur Matrixtabelle übergeben werden, die den Benutzer interaktiv die zugehörigen Texte eingeben läßt.

Hingegen werden im Programm Matrixtabelle in der Prozedur Eingabe (Zeile 14-33) die Arrays für Text und Daten automatisch mit den Werten für die oben vorgestellte Tabelle belegt. Die numerischen Daten sind im Array Daten, die Texte für die Zeilen bzw. Spalten, sind im Array Zeilentext bzw. Spaltentext, die Überschrift ist im Array Titel niedergelegt. Für die Beschriftung von Zeilen, Spalten und für die Überschrift sind maximal jeweils drei Strings vorgesehen, die übereinander zu schreiben sind (siehe Konstante maxstrings=3). Bei der Überschrift der

Tabelle ist von dieser Möglichkeit, drei Strings zu benutzen, Gebrauch gemacht worden:

```
'Verkaufsstatistik von PKW nach'          (1.string)
'Quartalen und Modellen im'               (2.string)
'Jahre 1 9 8 3 (Anzahl in Stueck)'        (3.string)
```

Das Programm läßt die Möglichkeit von jeweils drei Strings zu, und überprüft bei Zeilen- und Spalten-Überschriften, wieviele Strings jeweils maximal auftreten (Zeile 44-49). Dieser Wert wird im merk gespeichert und um 6 erhöht, um den Tabellenkopf zu berücksichtigen. merk stellt nun die Zeilen-Nummer der dritten waagerechten Linie von oben der Tabelle dar. Die Funktion anzahlstrings (Zeile 37-43) stellt die Anzahl der verwendeten Strings je Überschrift fest. Da die Zeilen- und Spaltentexte in den Zeilen 18-21 als leere Strings initialisiert werden, können auch Tabellen ohne Spaltentext oder ohne Zeilentext verarbeitet werden. In Zeile 49 wird die Anzahl der Tabellenzeilen festgestellt und der Variablen max zugewiesen.

Die gesamte Tabelle wird als eine Folge von Strings dargestellt, welche jeweils eine Bildschirmzeile oder eine Druckzeile wiedergeben. Diese Strings sind als das Array t (= Tabelle) in Zeile 11 vereinbart. In Zeile 17 sind diese Strings mit '§' initialisiert worden. In der Prozedur Verarbeitung werden nun die Strings im Array t schrittweise mit den Zeichen belegt, die sie in der endgültigen Tabelle tragen sollen. Wie dies vor sich geht, wird nun erläutert.

In den Zeilen 50-54 werden zwei Zeichen 'I' für die ersten beiden senkrechten Linien der Tabelle und die Spaltentexte eingetragen. Dies geschieht mit der String-Funktion concat. In den Zeilen 55-66 werden die Zeilentexte und Daten in die Strings von t eingetragen: Zunächst das Zeichen 'I' für den linken Tabellenrand (Zeile 59) und dann der Zeilentext mit dem abschliessenden 'I' (Zeile 60). Wenn kein Zeilentext vorhanden ist (d.h. anzahlstrings (Zeilentext[i])=o in Zeile 61), werden nur die Trennzeichen 'I' in die Tabelle eingetragen (Zeile 65); die Schleife FOR J:= 1 TO anzahlstrings... (Zeile 58) wird dann übersprungen. Wenn andernfalls Zeilentext vorhanden ist, so werden die zugehörigen numerischen Daten des Array daten mit der String-Prozedur str in einen String s umgewandelt und mit concat dem String t[k] des Array t zugewiesen, wobei jeder String s mit einem Trennzeichen 'I' verbunden wird (Zeile 63).

Im Prinzip ist jetzt die Tabelle, mit Ausnahme der Tabellenüberschrift, fertig. Jeder String im Array t hat die erforderlichen Trennzeichen 'I' zum Aufbau der senkrechten Linien der Tabelle erhalten und ist mit Texten und Daten versehen worden. Was nun noch zu tun bleibt, ist folgendes: die Trennzeichen 'I' sind in jedem String von t so zu verrücken, daß diese Zeichen jeweils eine zusammenhängende senkrechte Linie ergeben, wenn man die Strings von t untereinander schreibt. Diesen Vorgang, die Zeichen 'I' durch Einfügen von Leerzeichen richtig zu positionieren, geschieht in den Programmzeilen 68 bis 88. Die Positionen der Trennzeichen 'I' werden im Array pa (= Position alt) festgehalten. Der Ausgleich der Trennzeichen geschieht nun iterativ. Jeweils zwei aufeinanderfolgende Strings i-1 und i des Arrays t werden verglichen, an welchen Stellen die Trennzeichen 'I' auftreten. Diese Positionen des Strings i-1 sind im Array pa (Position alt), die des Strings i ("aktueller string"), sind in pn (Position neu) festgehalten (siehe Zeile 69-70. 74-75, 83). Die Iteration wird erst mit Tabellenzeile 6 initialisiert (Zeile 69-70), da die ersten 5 Zeilen den Tabellenkopf bilden, und in der FOR i:= TO max ...-Schleife von Zeile 72-88 ausgeführt.

Der Grundgedanke der Iteration besteht darin, die Trennzeichen 'I' in den ersten i-1 Zeilen (von Zeile 6 ab gerechnet) bereits so mit Leerzeichen verschoben zu haben, daß sie übereinanderstehen. Nun wird ein Vergleich dieser Positionen (in pa gespeichert) mit denen des aktuellen Strings i vorgenommen (in pn gespeichert).

Die Differenz der Positionen ist in der Variablen d (Zeile 78) festgehalten. Die folgende Zeichnung macht die Problemstellung der Iteration deutlich:

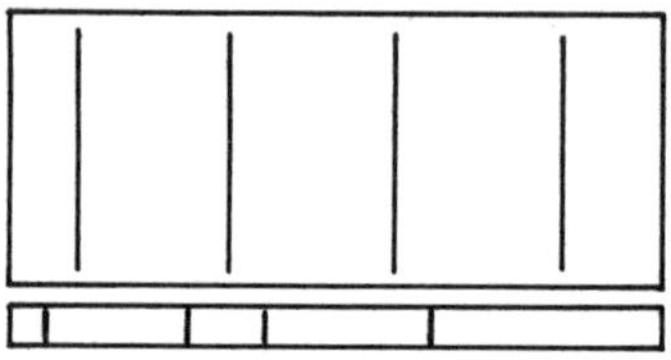

An dieser Zeichnung lassen sich die beiden Fälle erkennen:
1. Das Trennzeichen 'I' der Tabellen-Zeile i steht weiter links als die darüberliegenden Trennzeichen. Dann werden im String der Zeile i soviele Leerzeichen eingesetzt, bis die Trennzeichen übereinanderstehen (Programmzeile 80-83). Dies ist der Fall d<0. Im Beispiel der Zeichnung ist das erste 'I' von pn nach rechts zu verschieben.
2. Das Trennzeichen 'I' der Tabellen-Zeile i steht weiter rechts als die darüberliegenden Trennzeichen. Dann werden in den Strings der Tabellenzeilen 6...i-1 die zugehörigen Trennzeichen 'I' nach rechts bewegt (Programmzeilen 84-87).

Wenn diese Iteration abgelaufen ist, werden die waagerechten Trennzeichen in die Tabelle eingefügt (Programmzeilen 93-95). In den Programmzeilen 93-102 wird die Tabellenüberschrift eingetragen. Die Ausgabe der endgültigen Tabelle auf Drucker und Bildschirm schließt das Programm ab.

Bemerkenswert an diesem Programm ist die recht hohe Komplexität der Problemstellung, die sich am Umfang des Programms ablesen läßt und die auf den ersten Blick nicht erkennbar ist, zumal der "manuelle" Entwurf einer Tabelle als eine relativ einfache Problemstellung erscheint. Das Programm ist insofern noch vereinfacht, als es nur die Darstellung von INTEGER-Zahlen erlaubt. Davon wird implizit bei der Verwendung der String-Prozedur str Gebrauch gemacht (Zeile 62). Sollen REAL-Zahlen ausgegeben werden, so ist zunächst eine Prozedur zu schreiben, welche REAL-Zahlen in Strings umwandelt.

§ 6 Ein Generator für eine Datenmaske

Wie das Erstellen von Programmen automatisiert werden kann, soll hier am Beispiel von Eingabeprozeduren gezeigt werden. Wenn der Benutzer eine Vielzahl von Daten während des Programmablaufs einzugeben hat, so bieten sich die sogenannten Datenmasken an, wie sie in §4 am Beispiel von Automobildaten dargestellt worden sind. Diese Art der komfortablen Dateneingabe zieht aber beim Programmerstellen einen hohen Aufwand nach sich; es muß die Präsentation der Maske auf dem Bildschirm programmtechnisch umgesetzt werden.

Hier soll am Beispiel des Programms DATENMASKE gezeigt werden, wie die Programmerstellung automatisiert und damit der Programmieraufwand gesenkt werden kann. Das Programm DATENMASKE schreibt eine Prozedur als Textfile auf die Diskette, wobei vom Programmersteller die bestimmenden Größen interaktiv eingegeben werden. Dieses so erzeugte Textfile kann dann mit dem Programm MISCHEN in den Text des Hauptprogramms, in welche die Datenmaske auftreten soll, eingemischt werden oder es kann beim TURBO-PASCAL als separates Textfile auf der Diskette stehen und von anderen Programmen durch einen Aufruf (Compiler-Direktive) mit verwendet werden.[1] Das hier vorgestellte Programm DATENMASKE ist in UCSD-PASCAL geschrieben und legt die Textform der erzeugten Prozedur auf die mit #5: bezeichneten Diskette nieder. Im TURBO-PASCAL ist hier die Laufwerksbezeichnung B: vorzusehen.

Der Grundgedanke des Programms DATENMASKE kann am Beispiel der vereinfachten Datenmaske

```
Name des PKW:1
Hersteller:2
Preis:3
```

aufgezeigt werden. Wenn eine derartige Maske auf den Bildschirm gebracht werden soll, so ist zu jeder Zeile der Text der Eingabeanforderung zu projizieren, also "Name des PKW", "Hersteller", "Preis", es sind die Sprungspositionen 1,2,3 des Cursors zu dokumentieren, und es sind zu jeder Textzeile Variable vorzusehen, welche die an den Sprungpositionen einzugebenden Werte über READLN aufnehmen.

----
1) Siehe Kapitel 7.

```
PROGRAM datenmaske;
{ ermoeglicht die interaktive Programmierung einer Datenmaske }

CONST  max = 18;  {maximale Anzahl der definierbaren Zeilen in der Maske }

VAR    out,drucker      : text;
       maske,maskenfile : string;
       vname,vtext      : ARRAY[ 1..max] OF string;
       i,zeilenzahl,
       laenge,zeile     : integer;
       ch               : char;

PROCEDURE eingabe (anfang,ende {-Zeile } : integer; korrektur : boolean);
BEGIN
  IF  NOT korrektur THEN BEGIN
      page(output);
      writeln('***  GENERATOR fuer Datenmaske  ***'); writeln;
      writeln('Bitte die Eigenschaften der Maske eingeben : '); writeln;
      writeln('Gebe den Namen der Maske an : ');
      readln(maske); IF length(maske)=0 THEN halt;
      writeln('Gebe die Anzahl der Datenzeilen an ( <= ',max:2,') : ');
      readln(zeilenzahl); IF zeilenzahl > max THEN zeilenzahl := max;
      anfang := 1;  ende := zeilenzahl; END;
  FOR i := anfang TO ende DO BEGIN
      writeln('Eigenschaften der ',i:2,'. Datenzeile angeben : ');
      writeln('------------------------------------------');
      writeln('Text der Datenzeile : '); readln(vtext[i]);
      writeln('Variablenname fuer die Datenzeile : '); readln(vname[i]); END;
  page(output);
END; { eingabe }

PROCEDURE ausgabe (VAR z : text);
BEGIN
  write(z,'PROCEDURE ',maske,'(VAR '); laenge := 15 + length(maske);
  FOR i := 1 TO zeilenzahl DO BEGIN
      laenge := laenge + length(vname[i]);
      IF laenge > 79
         THEN BEGIN
```

Listing des Programms DATENMASKE

```
              laenge := length(vname[i]); writeln(z); writeln(z,vname[i]); END
          ELSE write(z,vname[i]);
       IF i = zeilenzahl THEN writeln(z.':string);') ELSE write(z,','); END;
   writeln(z,'CONST  anzahl = ',zeilenzahl);
   writeln(z.'VAR    vx,vy  : ARRAY [1..anzahl] OF integer;');
   writeln(z,'      { vx, vy sind ... des Cursors.}' );
   writeln(z,'{------------------------------------------------------------}');
   writeln(z.'PROCEDURE  askxy (VAR x,y : integer;');
   writeln(z,'VAR  cx,cy : char;');
   writeln(z.'BEGIN write(chr(27),chr(5));   readln(keyboard,cx,cy);');
   writeln(z.'      x:=ord(cx); IF x>79 THEN x:=x-96; y:=ord(cy)-96; END;');
   writeln(z.'{------------------------------------------------------------}');
   writeln(z,'BEGIN  page(output);');
   writeln(z,'  writeln(''***  ',maske,'  ***'');');
   writeln(z,'  writeln(''Bitte Daten eingeben : '');');
   FOR i := 1 TO zeilenzahl DO
       writeln(z,'  writeln(''',vtext[i],'''); askxy(vx[',i,'].vy[',i,']);');
   FOR i := 1 TO zeilenzahl DO BEGIN
       writeln(z,'  gotoxy(vx[',i,'].vy[',i,']); readln(',vname[i],');'); END;
   writeln(z,'END; {  ',maske,' } ');
 END; { ausgabe }

 BEGIN { datenmaske }
   eingabe(1,1,false);
   rewrite(drucker,'PRINTER:');
   REPEAT writeln('Es wurde folgende Prozedur generiert (siehe Drucker) :');
          ausgabe(drucker);
          writeln('Ist die Prozedur korrekt (y/n) ?'); readln(ch);
          IF ch IN ['n','N']
             THEN BEGIN write  ('Welche Datenzeile soll geaendert werden (');
                        writeln('1..',zeilenzahl:2,') ? '); readln(zeile);
                        eingabe(zeile,zeile,true); END
   UNTIL  ch IN ['y','Y'];
   maskenfile := concat('#5:',maske,'.TEXT');  rewrite(out,maskenfile);
   writeln('Die Prozedur wird als ',maskenfile,' auf Diskette geschrieben.');
   ausgabe(out);  close(out,lock);
 END. { datenmaske }
```

Listing des Programms DATENMASKE

Wenn wir die Aufgabenstellung vereinfachen und nur Datenmasken betrachten, die aus einer Kolonne von Eingabeanforderungen bestehen, so kann aus den drei Größen Textzeilen, Sprungpositionen und Variablennamen in leichter Weise eine Prozedur automatisch erzeugt werden, welche die Datenmaske auf den Bildschirm bringt. Vervollständigt wird diese Prozedur noch dadurch, daß ein Name für die Datenmaske auf den Bildschirm projiziert wird und der Benutzer eine Aufforderung erhält, Daten einzugeben. Das Programm DATENMASKE wird hier nur in seiner Grundstruktur wiedergegeben: Verfeinerungen, wie etwa eine Eingabekontrolle, sind denkbar.

Alle genannten Größen erfaßt das Programm DATENMASKE interaktiv: den Namen der Datenmaske in Zeile 19, die Anzahl der Datenzeilen in Zeile 21, deren Text in Zeile 27 und die ihnen zugeordneten Variablennamen in Zeile 28. Die maximale Anzahl der Datenzeilen ist in Zeilen 4,8 und 22 auf 18 beschränkt; mehr als 18 Datenzeilen sind zusammen mit Überschrift und Eingabeanforderung auf einem Bildschirm von 24 Zeilen kaum unterzubringen. Sollen mehr Datenzeilen dargestellt werden, so sind entweder zwei parallele Kolonnen vorzusehen oder ein neuer Bildschirm. Bei diesen Lösungen steigt aber der Programmierungsaufwand erheblich.

Die interaktive Dateneingabe ist in Zeile 30 zunächst abgeschlossen. In Zeile 32 beginnt die Prozedur ausgabe mit dem formalen variable-Parameter z vom Typ text. Sie reicht bis Zeile 59 und schreibt das Textfile der Datenmaske als eine Prozedur.

Für die Datenausgabe wurde eine Prozedur gewählt, da das Textfile z zweimal ausgegeben wird: einmal auf den Drucker in Zeile 65. Diese Ausgabe dient dazu, die Korrektheit der Prozedur zu überprüfen. Zweitens wird das Textfile z in Zeile 74 auf Diskette ausgegeben.

Die von der Prozedur ausgabe erzeugte Prozedur erhält in Zeile 34 den Namen der Datenmaske zugleich als Prozedurnamen. In den ARRAYs vx und vy von Zeile 43 werden die Sprungpositionen des Cursors festgehalten. Um diese festzustellen, wird die in §4 besprochene Prozedur ASKXY in den Zeilen 46-49 definiert. In der FOR-Schleife von Zeilen 54-55 wird der Text der Datenzeilen fortlaufend mit WRITELN auf den Bildschirm gebracht. In der anschließenden FOR-Schleife der Zeilen 56-57 werden die Cursorpositionen angesprungen und mit READLN die Variablenwerte übernommen. Die Texte der Datenzeilen sind im ARRAY vtext gespeichert, die Variablennamen im ARRAY vname (siehe Zeile 8). In der REPEAT-UNTIL-Schleife von Zeilen 64-71 kann der Benutzer die von ihm definierte Prozedur abändern.

Der hier vorgestellte Programmgenerator ist als ein Beispiel für die Programmiertechnik zu verstehen, Programme automatisch zu erzeugen (vergl. Platz 1983). Viele andere Anwendungen sind realisierbar, wie etwa ein Generator für ein Alternativ-Menue, oder ein Generator, der ein spezialisiertes Suchprogramm erzeugt, um einen großen Datenbestand mit vielen Merkmalen gezielt nach ausgewählten Kriterien, die vom Benutzer dem Generator interaktiv mitgeteilt werden, zu durchsuchen; ein derartiges Verfahren beschleunigt die Dateioperationen erheblich.

Kapitel 7 Programmbibliotheken und Units

Bei der Gestaltung von Programmen wird man bemerken, daß einzelne Problemstellungen in verschiedenen Programmen immer wieder auftauchen, wie etwa Sortierprobleme, die Lösung Linearer Gleichungssysteme, die Überprüfung von Benutzereingaben an der Konsole, wie etwa die Prozedur EINGABE von Kapitel 5, und die Steuerung von Bildschirm und Drucker. Mit dem Bibliothekskonzept wird es möglich, eine einmal erstellt Prozedur in verschiedenen Programmen mehrfach zu nutzen, ohne daß die Prozedur selbst in den Programmen dokumentiert zu sein braucht. Sie steht dafür in einer Bibliothek.

Diese Vorgehensweise, in Bibliotheken abgelegte Programme zu nutzen, hat den Vorteil, daß die eigentlichen Programme kürzer werden. Dem steht jedoch ein erhöhter Aufwand an Dokumentation gegenüber, den es abzuwägen gilt. Die Leistungen der Bibliotheksprozeduren, ihr Aufruf mit den erforderlichen Parametern, sind - etwa in einem Textfile INFO.TEXT oder INFO.TXT (bei TURBO) - zu dokumentieren, damit ihre korrekte Verwendung langfristig gesichert ist.

Im Aufbau und Nutzung von Bibliotheken unterscheiden sich TURBO- und UCSD-PASCAL erheblich. TURBO legt die Prozeduren und Funktionen in Textform auf einer Diskette ab, UCSD in Codeform, d.h. erstellte Texte sind zunächst separat zu compilieren. Die Nutzung von Bibliotheken erscheint in TURBO-PASCAL erheblich einfacher zu sein.

Im TURBO-PASCAL gibt es keine eigentlichen Bibliotheken, sondern mehrfach von "Hauptprogrammen" zu nutzende Prozeduren oder Funktionen stehen lediglich als separate Textfiles mit einem zulässigen Textfile-Namen versehen auf der Diskette. Soll in einem "Hauptprogramm" einer dieser separaten "Texte" genutzt werden, so ist im Deklarationsteil des "Hauptprogramms" an einer beliebigen Stelle, etwa nach den Variablendeklarationen, die Zeile

```
{$I Textfile-Name}
```

ohne Semikolon-Abschluß aufzunehmen. Dabei ist mit Textfile-Name der Name des Textfiles der zu nutzenden Prozedur oder Funktion gemeint. Der string {$I Textfile-Name} darf keine Leerzeichen vor oder nach dem $-Zeichen enthalten und ist als "Compiler-Direktive" zu verstehen: Beim Compilieren des "Hauptprogramms" wird der mit dieser Direktive eingemischte Text auch in die Code-Form übertragen.

Der Umgang mit der Bibliothekstechnik ist im UCSD-PASCAL erheblich komplizierter und soll nun dargestellt werden.

Den Aufbau einer Bibliothek hat man sich als eine Anzahl von Fächern ("slots") vorzustellen, in denen jeweils eine Einheit ("unit") abgelegt ist. Eine Unit umfaßt eine oder mehrere Prozeduren und stellt eine eigenständige softwaretechnische Größe dar, die vergleichbar mit einem Programm zunächst in Textform hergestellt und dann compiliert wird.

Neben der Bibliothek SYSTEM.LIBRARY auf der SYSTEM-Diskette kann der Benutzer eigene Bibliotheken ("private" Bibliotheken) unter frei wählbaren Namen anlegen. Die Regeln der Namensgebung folgen denen von CODE.-Files. Die Unterschiede zwischen privaten Bibliotheken und der SYSTEM.LIBRARY sind geringfügig: Prozeduren aus privaten Bibliotheken sind im Programmkörper des sie verwendenden Programms mit der "Compiler Option" {$U} aufzurufen (siehe §1).

Im §1 wird die Unit-Technik dargestellt: wie Units definiert und aufgerufen werden. Der §2 behandelt die Frage, wie aus den Units Bibliotheken aufgebaut werden und stellt das dafür erforderliche Dienstprogramm LIBRARY.CODE vor. Im §3 wird die Unit SCREENOPS zur Bildschirmsteuerung dargestellt.

§1 Der Aufbau einer Unit in UCSD-PASCAL

Eine Unit vereinigt bestimmte Prozeduren (oder auch Funktionen), die von Programmen häufig verwendet werden sollen. Denken wir etwa an die Fragestellung, den Drucker zu steuern, der über viele Möglichkeiten, das Druckbild zu gestalten, verfügt. Diese Features werden häufig mit ESCAPE-Sequenzen eingestellt, wie Fettdruck (vergl. das Programm DRUCK in Kapitel 5), Schriftart, Zeilenabstand, Unterstreichen, Seitennumerierung etc. . Wenn man diese Features in einem Programm benutzen will, so ist im Prinzip für jedes Feature jeweils eine Prozedur zu schreiben, um es einzustellen. Da diese Prozeduren für jedes Programm die gleichen sind, kann man sie zu einer Unit DRUCKER zusammenfassen und in die SYSTEM.LIBRARY laden (siehe hierzu §2). Dann stehen sie jedem Programm zur Verfügung und können dort mit dem Prozedurnamen aufgerufen werden.

Wir stellen nun den Aufbau einer Unit vor, und zwar anhand der beiden Prozeduren FETT und UNTER_S, welche die Features Fettdruck und Unterstreichen am Drucker einstellen (zur Definition von Units siehe auch Niemeyer 1980,S.145f, Clark und Koehler, 1982, S.111-115, Manual 1981,S.342). Im Programmablauf stellt dann der Aufruf

```
FETT('+');      bzw. UNTER_S('+');
```

den Fettdruck bzw. das Unterstreichen ein, und der Aufruf

```
FETT('-');      bzw. UNTER_S('-');
```

das Feature wieder aus. Die Unit umfasse diese beiden Prozeduren und erhalte den Namen DRUCKER. Um dieses Ziel zu erreichen, geht man folgendermaßen vor. Zunächst wird die Unit als ein Textfile im Editor editiert. Das Textfile beginnt mit der Zeile

```
UNIT DRUCKER;
```

Dann kommt die Zeile mit

```
INTERFACE
```

die ohne Semikolon abgeschlossen wird. Mit INTERFACE wird der Teil des Deklarationsteils der Unit bezeichnet, in dem die Prozeduren (und auch globale Variable) der Unit stehen, auf die Programme zugreifen können. Es ist das Kommunikationsangebot der Unit. In diesem Teil stehen aber nur die Namen (mit der Liste der formalen Parameter) der zur Verfügung gestellten Prozeduren, nicht aber deren eigentliche Deklaration, die im anschließenden IMPLEMENTATION-Teil erfolgt. Demzufolge führen wir nach der Zeile INTERFACE die beiden Zeilen mit den Prozedurnamen auf:

```
Procedure FETT(f:char);
Procedure UNTER_S(u:char);
```

Dann folgt die Zeile

```
IMPLEMENTATION
```

wieder ohne mit Semikolon abgeschlossen zu sein. Dieser Implementationsteil ist als der eigentliche Deklarationsteil der Unit zu verstehen. Hier werden, wie in einem Programm , alle Deklarationen von Konstanten, Typen, Variablen und Prozeduren vorgenommen. Alles, was im Implementationsteil deklariert wird, ohne im Interfaceteil aufzutreten, ist nur lokal für die Unit gültig. Die beiden Prozeduren FETT und UNTER_S des Interfaceteils werden nun im Implementationsteil, wie man es von Programmen kennt, deklariert, ohne jedoch die Liste ihrer formalen Parameter aufzuführen. Wenn alle Deklarationen im Implementationsteil erfolgt sind, so ist die Unit mit

```
End.
```

abzuschließen. Nach dem Editieren wird die Unit wie ein Programm compiliert und liegt dann als TEXT- und CODE-File vor, die mit dem SAVE-Befehl unter einem Namen gespeichert werden. Mit dem im folgenden § dargestellten LIBRARY-Programm kann die Unit dann in eine Bibliothek geladen werden.

Sollen nun in einem Programm die Prozeduren einer Unit angesprochen werden, so ist im Deklarationsteil des Programms als erste Deklaration die "uses-Deklaration" erforderlich, die den Hinweis auf die zu benutzende Unit gibt. Für eine Unit in der SYSTEM.LIBRARY sieht diese Deklaration wie folgt aus:

```
PROGRAM programm-name;
USES unit-name;
```

Wenn eine Unit in einer privaten Bibliothek steht, so muß eine "Compiler-Option" zur uses-Deklaration hinzutreten. Sie lautet dann:

```
PROGRAM programm-name;
{$U bibliotheks-name.code}
USES  unit-name;
```

Die Zeichenkette {$U bibliotheks-name.code} sollte keine blanks enthalten, außer als Trennung zwischen U und bibliotheks-name. Manche der im Manual(1981,S.189-233) beschriebenen UCSD-Intrinsics benötigen auch eine uses-Deklaration, wie z.B. CHAIN. Auch erfordern einige der dem Lieferumfang der Software angehörenden Units die uses-Deklaration, wie die in §3 beschriebene Unit

SCREENOPS, die zudem noch mit der Compiler-Option zu benutzen ist und in die SYSTEM.LIBRARY zu laden ist. Das bedeutet, nicht alle Units der SYSTEM.LIBRARY können ohne die Compiler-Option verwendet werden.

Auf die Gestaltung des Interfaceteils einer Unit ist besondere Sorgfalt zu verwenden. Wird dieser Teil irgendwann einmal verändert, so sind alle Programme, welche diese Unit benutzen, neu zu kompilieren. Hingegen erfordern Änderungen allein im Implementationsteil lediglich ein neues Kompilieren der Unit.

§2 Das Laden von Bibliotheken: Das Programm LIBRARY

In diesem Paragraphen wird das Dienstprogramm LIBRARY.CODE vorgestellt, das Bestandteil des UCSD-PASCAL-Software-Pakets ist und das dazu dient, sich über den Inhalt einer Bibliothek zu informieren, Bibliotheken neu anzulegen und bestehende zu ändern. Da die SYSTEM -Files auch eine Bibliotheksstruktur tragen, lassen diese Files sich ebenfalls mit dem Programm LIBRARY.CODE abfragen und verändern. Dieses Programm ist auf den ersten Blick nicht einfach zu bedienen, und auch das Manual (1981,S.350ff) ist leider nicht sehr klar gehalten. Die Ausführungen von Niemeyer(1980) zum LIBRARY-Programm beziehen sich auf die ältere PASCAL-Version 2.2 . Daher soll an dieser Stelle das LIBRARY-Programm behandelt werden.

Die Grundstruktur des Programms LIBRARY.CODE besteht darin, aus ein oder mehreren vorliegenden Units oder Bibliotheken, die im Programm als Inputfiles bezeichnet werden, eine neue Bibliothek zusammenzustellen, die Outputfile genannt wird. Das Outputfile und alle (mit Ausnahme der SYSTEM -Files) Inputfiles sind als CODE -Files zu führen. Das Ziel einer neuen Bibliothek wird dadurch erreicht, daß alle oder nur ausgewählte Units der Inputfiles in das Outputfile übernommen werden.

Nach dem Start des Programms werden zunächst der Name des Outputfiles und des ersten Inputfiles abgefragt. Der Benutzer gibt diese Namen mit der Laufwerksnummer an. Dann werden die Namen dieser Files auf den Bildschirm projiziert, und unter diesen Namen die jeweilige Belegung der Files mit Units (oder programs oder segments). Da zunächst das Outputfile leer ist, erscheint lediglich die Belegung des Inputfiles mit Units, die von 0 an fortlaufend numeriert sind. Diese Nummern bezeichnen die Fächer (slots) der Bibliothek (Vergl. das Installation Guide,S.42).

Nachdem das erste Inputfile eingegeben ist, erscheint als erste Zeile auf dem Bildschirm die Befehlszeile

```
Library: N(ew, 0-9(slot-to-slot, E(very, S(elect,
         C(omp-unit, F(ill?
```

Das Fragezeichen gibt wie üblich den Hinweis auf weitere Befehle, die u.a. A(bort und Q(uit enthalten. Mit diesen Befehlen wird die Übernahme der Units aus dem Inputfile in das Outputfile und der Ablauf des Programms gesteuert. Befehle zum Ablauf: N steuert ein neues Inputfile an, A bricht das Programm ab, wenn der Benutzer mit seiner bisherigen Wahl unzufrieden ist. Q beendet das Programm über eine Zwischenanfrage "Notice?", die dem Copyrighteintrag dient und mit <RETURN> übergangen wird. Befehle zur Übernahme von Units: E übernimmt alle Units in das Outputfile. Die 0-9(slot-to-slot Option erscheint ein wenig mysteriös. Hiermit ist eine Auswahl aus den Units möglich, die vom Inputfile in das Outputfile übernommen werden sollen. Die Units sind dabei mit den ihnen zugeordneten Nummern anzusprechen, die in der unter den In- und Outputfiles projizierten Liste stehen. Die Nummer der zu übernehmenden Unit im Inputfile ist dabei der Nummer eines freien slots im Outputfile zuzuordnen. Soll etwa die Unit im slot 2 in das Outputfile übernommen werden, in dem bereits die slots 0...4 belegt sind, so ist diese Unit etwa in slot 5 zu überweisen. In diesem Beispiel sähe die Benutzerantwort auf die 0-9(slot-to-slot Option so aus:

2 <space> 5 <space>

wobei mit <space> das Drücken der Leertaste gemeint ist.

Es ist darauf zu achten, daß das Outputfile einen anderen Namen erhält als die Inputfiles. Soll etwa die Bibliothek SYSTEM.PASCAL abgeändert werden, so ist für das Outputfile zunächst eine neuer Name zu wählen, etwa NEU_PASC.CODE, der nach Ablauf des Programms LIBRARY.CODE dann in SYSTEM.PASCAL umzubenennen ist, nachdem das "alte" SYSTEM.PASCAl etwa den Namen

ALT_PASC.CODE erhalten hat. Der Name des Outputfiles ist der gültige Name der mit LIBRARY.CODE erstellten Bibliothek. Der dargestellte Ablauf des Programms LIBRARY.CODE zeigt auf, daß es auch dazu benutzt werden kann, sich lediglich über die Belegung einer Bibliothek zu informieren; nach Eingabe von Out- und Inputfile-Namen erscheint die Belegung des Inputfiles mit Units auf dem Bildschirm. Das Programm kann dann mit A abgebrochen werden.

Damit die Units privater Bibliotheken von Programmen aus angesprochen werden können, sind die Namen dieser Bibliotheken in ein Textfile auf der Systemdiskette abzulegen, das den Namen USERLIB.TEXT erhält - ein vom UCSD-System vorgesehener Name (vergl. Manual, 1981,S.17,346).

§3 Die Bildschirmsteuerung mit der Unit screenops in UCSD-PASCAL

Das Programmpaket UCSD-PASCAL enthält die Unit screenops, welche Prozeduren zur Verfügung stellt, um den Bildschirm zu steuern. Es geht dabei um die Cursorsteuerung und um das Löschen des Bildschirms. Diese Vorgänge können zwar direkt mit ESCAPE-Sequenzen ausgelöst werden, die mit einem WRITE-Befehl an den Bildschirm gerichtet werden. Diese Lösung ist aber hardwareorientiert und daher von dem speziell verwendeten Monitor abhängig. Die Übertragbarkeit von Programmen zwischen verschiedenen Maschinen wird eingeschränkt. Eine reine Software-Lösung dieser Fragen ermöglicht die Unit screenops.

Um die Unit screenops zu benutzen, ist sie in die SYSTEM.LIBRARY zu laden - auch dann, wenn sie bereits im File SYSTEM.PASCAL vorhanden ist. Die Prozeduren dieser Unit werden in einem sie benutzenden Programm angesprochen, indem zunächst im Programm die Compiler-Option

```
{$U screenops.code}
```

als zweite Programmzeile verwendet wird, der die uses-Deklaration

```
uses screenops;
```

folgt als dritte Zeile. Die Unit screenops stellt u.a. folgende Prozeduren zur Verfügung:

```
Procedure SC_Clr_Cur_Line;
     Löscht die Zeile des Cursors.

Procedure SC_Clr_Line(Y:integer);
     Löscht Zeile mit der Nummer Y.

Procedure SC_Erase_to_EOL(X,Y:integer);
     Löscht ab Spalte X die Zeile Y.

Procedure SC_Eras_EOS(X,Y:integer);
     Löscht ab Spalte X und Zeile Y den Bildschirm
     bis zum Bildschirmende.
```

Die Prozeduren SC_Left, SC-Right, SC_Up und SC_Down bewegen den Cursor um jeweils eine Position in die angegebene Richtung.

Die Position des Cursors kann mit den beiden Funktionen

```
SC_Find_X:integer;
SC_Find_Y:integer;
```

abgefragt werden. Sie geben die Spalten-Nummer X bzw. die Zeilen-Nummer Y an. Mit ihnen läßt sich die in Kapitel 6 beschriebene Prozedur ASKXY in einer hardware-unabhängigen Weise realisieren. Leider fehlt in der Unit screenops eine Möglichkeit, den Bildschirminhalt abzufragen und dem Drucker zu übergeben, d.h. eine Hardcopy-Funktion. Diese kann daher nur hardwareabhängig gestaltet werden und hängt vom Datentransfer zum Bildschirm ab. Bei seriell versorgten Bildschirmen kann bei manchen Maschinen, wie z.B. dem SIRIUS, der Bildschirminhalt mit einer ESCAPE-Sequenz abgefragt werden. Bei parallel angesteuerten Bildschirmen muß dagegen ein Bereich des Hauptspeichers abgefragt werden, der die Zeichenbelegung des Bildschirms enthält. Mit höheren Datenstrukturen, wie Varianten-Records und Pointern, kann diese Abfrage realisiert werden. Clark und Koehler (1982, S.304f) haben mit der von ihnen veröffentlichten Unit Screen_Routines einen derartigen Weg gewiesen. Der Leser mag daraus einen Anreiz beziehen, sich auch den in diesem Buch nicht behandelten höheren Datenstrukturen zuzuwenden.

Anhang 1 Das Aufdecken von Run-Time-Fehlern

In diesem Anhang soll der Leser auf Möglichkeiten hingeweisen werden, Fehler im Programmablauf, die nicht auf Syntaxfehlern beruhen, zu erkennen (sogenannte Run-Time-Fehler). Diese Situation kann etwa dann eintreten, wenn auf Textfiles geschrieben oder von ihnen gelesen wird. Wenn die End-Of-Line oder End-Of-File Bedingungen nicht korrekt, wie im Programm vorgesehen, erkannt werden können, wird ein Programmabbruch mit Fehlermeldung eintreten, ohne daß ein Syntaxfehler im Programmtext erkennbar wäre. Denken wir an das Beispiel des Programms MITTEL_WERT von Kapitel 5, §3. Wenn dort im Eingabefile in einer Zeile ein blank nach der letzten Zahl der Zeile aufträte, so könnte die eoln(ein)-Bedingung von Programmzeile 65 vom System nicht erkannt werden, sodaß der read-Befehl von Zeile 67 das erste (Kommentar-) Zeichen der folgenden Zeile lesen würde. Da die zu lesende Variable eine integer-Zahl ist, käme es zum Programmabbruch.

Ein derartiger Programmabbruch entsteht durch einen Run-Time-Fehler. Diese Fehlerart wird von den Pascal-Dialekten TURBO und UCSD auf verschiedene Weise aufgedeckt. Beim TURBO-PASCAL hat man bei den Compiler-Optionen (O-Befehl) die F-Option zu wählen (F = Find run time error). Bei einem Run-Time-Fehler schaltet das System automatisch in den Edit-Status und zeigt im Text die Stelle an, wo der Fehler aufgetreten ist. Hingegen gibt das UCSD-PASCAL bei einem Programmabbruch auf dem Bildschirm eine Fehlermeldung aus, die sich sich auf Routinen- und Wortnummern bezieht, die im sogenannten Compiler-Listing auftreten.

Dieses Listing druckt die Textform eines Programms zum Abschluß des Compiliervorgangs aus. Daher die Bezeichnung dieser Listing-Form. Es kann in zweierlei Hinsicht nützlich sein. Es enthält Hinweise auf alle vom Compiler vermerkten Syntaxfehler des Programms und kann dadurch helfen, diese Fehler zu beseitigen. Ferner gibt das Compiler-Listing zu Beginn von jeder Programmzeile vier Zahlen aus. Sie bedeuten die Zeilen-Nummer, die Segment-Nummer, die Routinen-Nummer und die Anzahl der von der Routine verwendeten Worte (vergl. Manual 1981, S.239f und Bowles, 1980, S.107-109). Mit Hilfe dieser Angaben läßt sich ein Run-Time-Fehler eines UCSD-Programms lokalisieren.

Da jeder Zeile vier Zahlen vorangestellt werden, benötigt das Compiler-Listing i.a. eine Druckausgabe für mehr als 80 Spalten; der Drucker ist nach Möglichkeit auf 132 Spalten Druckbreite (z. B. Sparschrift bei einem Matrixdrucker) einzustellen. Das TURBO-PASCAL kennt kein Compiler-Listing.

Um ein UCSD-Programm einem Compiler-Listing zu unterwerfen, ist dessen Text mit der "Compiler-Option"

```
(*$L PRINTER:*)
```

zu versehen. Diese Compiler-Anweisung ist, gewissermaßen als nullte Zeile, in die Textform des Programms vor die Zeile PROGRAM programm-name; zu setzen. Die Zeichenkette (*$L PRINTER:*) darf keine blanks enthalten, außer als Trennung zwischen L und PRINTER.

Anhang 2 Die Verarbeitung von REAL-Zahlen in UCSD-PASCAL

Softech liefert sein Programmpaket UCSD-PASCAL nicht immer vollständig konfektioniert aus. Zumeist ist eine Einstellung der REAL-Verarbeitung erforderlich; Programme mit REAL-Variablen sind nicht lauffähig. Nach ihrem Start erfolgt eine Fehlermeldung "unit realops not found". In diesem Anhang soll gezeigt werden, wie diese "Rekonfiguration" vorgenommen werden muß. Die Fähigkeit des Systems, REAL-Zahlen zu verarbeiten , hängt von fünf Größen ab, die es einzustellen gilt:

- Die Rechengenauigkeit
  - 64 bit Darstellung (= 4 Worte, doppelte Genauigkeit)
  - 32 bit Darstellung (= 2 Worte, einfache Genauigkeit)
- Die der Rechengenauigkeit zugeordneten Units
  - realops.4.code (4 Worte)
  - realops.Z2.code (2 Worte)
- Die der Rechengenauigkeit zugeordneten Compiler
  - compiler.C3S-4 (4 Worte)
  - compiler.C3S-2 (2 Worte)
- Das File SYSTEM.PASCAL
- Das File SYSTEM.INTERP

Für die Rechengenauigkeit von 2 Worten sieht die Rekonfiguration wie folgt aus: Der Compiler compiler.C3S-2 wird in SYSTEM.COMPILER umbenannt. Die Unit realops.Z2.code wird mit dem Programm LIBRARY.CODE in das File SYSTEM.PASCAL geladen (vergl. Kapitel 7). Mit dem Linker (L-Befehl auf Command-Ebene) wird eine neues File SYSTEM.INTERP aufgebaut. Wie dieses vor sich geht, ist im Installation Guide (1981, S.144-146) beschrieben. Der Aufbau des File SYSTEM.INTERP ist hardware-abhängig. Für eine CP/M-Maschine mit Z80 Prozessor und zwei Diskettenlaufwerken sind folgende Code-Files in der angegebenen Reihenfolge zu linken:

1. INTERP.Z.CODE (Alternativ INTERP.8.CODE für einen 8080 Prozessor)
2. FP2.Z.CODE (Alternativ FP.8.CODE für einen 8080 Prozessor)
3. RSP.CODE
4. BIOS.CRP.CODE
5. INTER.CPM2.CODE (Alternativ INTER.CPM1.CODE für eine Maschine mit nur einem Diskettenlaufwerk)
6. TERTBOOT.CODE

Beim Laden der Unit Realops in das File SYSTEM.PASCAL darf die Belegung der slots 0 und 15 nicht verändert werden (Installation Guide, 1981,S.43f).

Anhang 3 Unterschiede von UCSD- und TURBO-PASCAL

Dieser Anhang dient dazu, die wichtigsten Syntax-Unterschiede beider PASCAL-Dialekte zusammenzustellen und dem Leser zu helfen, die in diesem Buch in UCSD-Pascal dargestellten Programme in TURBO-Pascal umzuschreiben.

UCSD-PASCAL	TURBO-PASCAL
Länge der Programmzeilen: max. 80 Zeichen	max. 127 Zeichen
Namen auf Programmebene: max. 8 Zeichen lang	max. 127 Zeichen lang
Typendeklaration von strings: string;	string[80];
Strings der Länge 1: verschieden vom Typ CHAR	gleich mit Typ CHAR
Der Typ boolean: wird nicht geschrieben mit dem WRITE-Befehl	Wird geschrieben mit dem WRITE-Befehl
Ausgabe auf den Ducker: WRITE(OUT,...); Die Text-Variable OUT ist zu deklarieren und der Drucker mit REWRITE zu aktivieren.	WRITE(LST,...); LST ist ein automatisch vom System eröffnetes Textfile
Bezeichnung des Textfiles Keyboard: KEYBOARD	KBD
Das Eröffnen von Textfiles zum Lesen: RESET(Dateivariable,Filenamen);	ASSIGN(Dateivariable,Filenamen); RESET(Dateivariable);
Das Eröffnen von Textfiles zum Schreiben: REWRITE(D.-variable,Filenamen);	ASSIGN(Dateivariable,Filenamen); REWRITE(Dateivariable);
Das Schließen von Textfiles: CLOSE(Dateivariable,LOCK);	CLOSE(Dateivariable);
Das Löschen des Bildschirms: PAGE(OUTPUT);	ClrScr;
Die Bezeichnung der Laufwerke: #4: , #5:	A: , B:
Die Bezeichnung der Disketten: Diskettenname ist erforderlich	Diskettenname wird nicht vergeben

Literaturverzeichnis

Balzert, H. (Hrsg.): Software-Ergonomie, Stuttgart 1983

Blaser, A. und C. Hackl (Hrsg.): Interactive Systems, Berlin 1977

Bowles, K.: Beginner's Guide for the UCSD-Pascal-System, Peterborough 1980

Bowles, K.: Pascal für Mikrocomputer, Berlin 1982

Cin, M. und E. Dilger: Einführung in Microcomputer PASCAL, Tübingen 1981

Clark, R. und S. Koehler: The UCSD-Pascal Handbook, Englewood Cliffs 1982

Gruber, A. und S. Gutschmidt: UCSD-PASCAL, München 1981

Herschel, R. und F. Pieper: PASCAL, München 1981

Installation Guide 1981: Softech microsystems (Hrsg.) UCSD-P-System and UCSD PASCAL, Version IV.0, Installation Guide, San Diego 1981

Internal Architecture Guide 1981: Softech microsystems (Hrsg.) UCSD-P-System and UCSD PASCAL, Version IV.0, Internal Architecture Guide, San Diego 1981

Jensen, K. und N. Wirth: Pascal User Manual and Report, Berlin 1978[3]

Knuth, D.: The Art of Computer Programming, Vol. 3, Menlo Park 1973

Ledgard, H., Nagin, P. u. J. Hueras: Pascal with Style, Rochette Park 1979

Manual 1981: Softech microsystems (Hrsg.) UCSD-P-System and UCSD PASCAL, Version IV.0, Users' Manual,

Maaß, W.: MS-DOS, München 1984

Mertens, P. u. J. Griese: Industrielle Datenverarbeitung, Bd. 2, 2. Auflage, Wiesbaden 1979

Neumann, K.: Operations Research Verfahren, Bd. 1, München 1975

Niemeyer, G.: Einführung in das Programmieren in PASCAL, Berlin 1980

Nievergelt, J. u. A. Ventura: Die Gestaltung interaktiver Programme, Stuttgart 1983

Ottmann, T. u. P. Widmayer: Programmieren mit PASCAL, Stuttgart 1980

Platz, G.: Methoden der Software-Entwicklung, München 1983

Pol, B: Vom Umgang mit CP/M, Vaterstetten 1982

Singer, F.: Programmieren in der Praxis, Stuttgart 1980

Softech microsystems (Hrsg.): UCSD-P-System Application Catalog, San Diego 1981

derselbe: UCSD-P-System and UCSD PASCAL, Version IV.0, Users' Manual Supplement, San Diego 1982

derselbe: UCSD-P-System and UCSD PASCAL, Version IV.0, IBM Personal Computer Owners' Manual, San Diego 1983

Schauer, H.: PASCAL für Anfänger, München 1982^{4}

Schneider, W.: Einführung in PASCAL, Braunschweig 1982

Teiwes, E.: Programmentwicklung in UCSD-PASCAL, Würzburg 1984

TURBO-Manual: Borland International (Hrsg.) TURBO-PASCAL Reference Manual, Scotts Valley 1983

Wilson, I. und A. Addyman: PASCAL, München 1981

Wirth, N.: Systematisches Programmieren, Stuttgart 1978^{3}

Zaks, R.: Einführung in PASCAL und UCSD-PASCAL, Düsseldorf 1981

derselbe: Einführung in CP/M, Düsseldorf 1982

Stichwortverzeichnis